겁내지 마라,
해보면 된다

겁내지 마라, 해보면 된다

1% 가능성에도 '일단 해보는'
단단한 삶의 기술

초 판 1쇄 2026년 02월 06일
초 판 2쇄 2026년 03월 04일

지은이 이열범
펴낸이 류종렬

펴낸곳 미다스북스
본부장 임종익
편집장 이다경, 김가영
디자인 윤가희, 임인영, 윤영빈
책임진행 이예나, 안채원, 김은진, 국소리, 송가희, 이지영

등록 2001년 3월 21일 제2001-000040호
주소 서울시 마포구 양화로 133 서교타워 711호, 808호
전화 02) 322-7802~3
팩스 02) 6007-1845
블로그 http://blog.naver.com/midasbooks
전자주소 midasbooks@hanmail.net
페이스북 https://www.facebook.com/midasbooks425
인스타그램 https://www.instagram.com/midasbooks

ISBN 979-11-7355-711-8 03190

값 19,000원

미다스북스는 다음세대에게 필요한 지혜와 교양을 생각합니다.

1% 가능성에도 '일단 해보는'
단단한 삶의 기술

겁내지 마라,
해보면 된다

이열범

미다스북스

당신은 조직의 관객인가, 주인공인가

사람은 하루 대부분을 조직 안에서 보낸다. 직장이라는 공간은 단순한 생계의 터전을 넘어, 한 사람의 가치관과 태도, 그리고 인생의 방향을 형성하는 무대이기도 하다. 그런데 정작 많은 사람은 그 조직에서 '주인'이 아니라 '관객'으로 살아간다. 주어진 일은 성실히 수행하지만, 잘못된 구조를 바로잡는 데에는 침묵한다. 변화는 바라면서도, 그 변화에 따르는 책임은 지지 않으려 한다.

이 책은 바로 그 질문에서 출발했다.

**당신은 지금 관객으로 살고 있는가,
아니면 주인공으로 살고 있는가.**

나는 통신 기술자, 방송 기술자, 경영자, 노동조합 대표, 그리고 조직의 최고 책임자로 살아왔다. 대학 졸업 후 KT에서 첫 직장생활을 시작해 CBS에서 33년간 근무하며 방송 기술과 경영 전반을 경험했다. 그 과정에서 노동조합 위원장을 맡아 조직의 개혁을 요구했고, 전남·울산·전북 지역 방송국 대표로서 조직의 성과와 생존을 책임지는 자리에도 섰다. 기술 현장에서 출발해 경영의 최전선까지 경험한 시간이었다.

노조 대표와 회사 대표라는 상반된 위치를 모두 경험한 시간은 나에게 하나의 분명한 결론을 남겼다. 조직은 누가 더 옳은 말을 하느냐에 따라 움직이지 않는다. **누가 책임지는 선택을 하느냐**, 바로 그 사람을 중심으로 조직은 변화하기 시작한다는 사실이다.

36년의 세월은 전혀 평탄하지 않았다. 갈등과 고난, 실패와 성취가 끊임없이 반복되었다. 때로는 물러서고 싶었고, 때로는 침묵이 더 편해 보이기도 했다. 그런데도 모든 순간을 관통하는 하나의 기준만은 분명했다. 나는 언제나 관객이 아닌 주인공으로 선택하려 했다. 불편하더라도, 손해가 따르더라도 말이다.

이 책을 쓰게 된 이유 역시 그 선택의 기록을 남기기 위해서다. 기록하지 않으면 경험은 개인의 추억으로 사라진다. 그러나 정리된 경험은 누군가에게 판단의 기준이 될 수 있다. 이 글은 내 삶의 성취를 나열하기 위한 이야기가 아니다. 선택의 갈림길마다 내가 무엇을 기준으로 판단했고, 어떤 태도로 책임을 감당했는지를 솔직하게 기록한 이야기다. 특히 조직 안에서 **도전해야 할지, 침묵해야** 할지 망설이는 이들에게 실제적인 판단의 근거가 되기를 바란다.

첫 직장 발령지는 거금도라는 섬이었다. 실망과 두려움을 안고 시작한 사회생활이었지만, 그곳은 나에게 가장 중요한 교훈을 남겼다. 환경은 선택할 수 없어도, 태도는 선택할 수 있다는 사실이다. 열악한 조건 속에서도 나는 사람을 만났고, 문제를 외면하지 않았으며, 맡은 일을 '내 일'로 대했다. 주어진 조건을 탓하기보다, 그 안에서 할 수 있는 최선을 찾고자 했다. 그 결과 나는 기술을 넘어 사람을 이해하는 법을 배웠고, 고객 감동이 무엇인지 몸으로 체득하게 되었다.

CBS에 입사했을 때 나는 '진실을 말하는 언론'의 일원이라는 자부심으로 가득했다. 그러나 시간이 흐르자 구조적 문제들이 점점 분명히 보이기 시작했다. 많은 사람은 문제를 인식하면서도 행동하지 않았다. 거대한 힘 앞에서 무기력을 합리화하며, 스스로를 관객의 자리에 머물게 했다. 나는 그 선택이 결국 조직을 서서히 병들게 만든다고 생각했다. 침묵은 중립이 아니라, 현상을 유지하는 또 다른 방식이기 때문이다.

그래서 행동했다. 직원들의 요구로 노동조합 위원장을 맡아 개혁을 요구했고, 대화가 통하지 않자 파업이라는 극단적인 선택도 감수했다. 조직 안에서 변화를 시도한다는 것은 언제나 개인적인 손실을 동반한다. 합의는 쉽게 파기되었고, 보복과 압박이 뒤따랐다. 그런데도 그 과정을 통해 나는 하나의 확신에 이르게 되었다. 조직은 희생 없이 바뀌지 않으며, 변화는 반드시 누군가의 책임 위에서 시작된다는 사실이다.

완전하지는 않았지만, 의미 있는 변화가 이루어졌다. 낙하산 인사가 아닌, 내부에서 경험을 쌓은 인물이 조직의 수장이 될 수 있는 구조가 만들어졌다. 이 성과는 단지 제도의 변화에 그치지 않았다. 조직 문화 역시 바뀔 수 있다는 가능성을 보여준 사례였다. 그리고 그 가능성은 지금도 진행형이다. 변화는 한 번의 승리로 완성되지 않기 때문이다.

이후 관리부장과 지역 본부장을 맡으며 나는 또 다른 리더십의 질문 앞에 섰다. 성과는 어떻게 만들어지는가. 답은 의외로 단순했다. 사람을 억지로 움직이려 하지 말고, 시스템을 만들고 신뢰를 쌓아야 한다는 것이었다. 부족한 인력은 외연을 넓혀 보완했고, 문화와 참여를 통해 조직의 힘을 키웠다. 적자에 허덕이던 조직을 흑자로 전환할 수 있었던 이유는 특별한 능력 때문이 아니라, 끝까지 책임을 지겠다는 태도에 있었다.

사람들은 내가 원해서 어려운 자리를 맡았다고 말하지만, 사실은 그렇지 않다. 조직이 흔들릴 때 누군가는 책임을 져야 했고, 그 역할을 피하지 않았을 뿐이다. 나는 조직에서 가장 중요한 자질이 탁월한 재능이 아니라 **주인의식과 책임감**이라고 믿는다. 리더란 앞에 서서 지시하는 사람이 아니라, 마지막까지 자리를 지키는 사람이다.

1985년부터 지금까지 40년 가까운 세월을 조직과 함께 살아왔다. 수많은 선택의 갈림길에서 내가 붙들었던 원칙은 단순했다. **관객으로 안전하게 남을 것인가, 주인공으로 불편함을 감수할 것인가.** 이 책은 그 질문에 대한 나의 선택 기록이다.

이 책이 성공을 보장해 주지는 않을 것이다. 그러나 조직 안에서 어떻게 살아야 하는지, 언제 침묵을 멈추고 행동해야 하는지에 대한 기준 하나쯤은 제시할 수 있으리라 믿는다. 지금 당신이 서 있는 자리에서 관객석을 떠나 무대로 나설 준비가 되어 있다면, 이 책은 분명 당신 자신의 이야기가 될 것이다.

차
례

제3장 실패해도 괜찮아, 다시 도전하면 되니까

제4장 누구나 두렵다, 그러나 일어나야 한다

제5장   리더는 1% 가능성을 현실로 만든다

도전은 간절함에서 시작된다

1. 목표가 뚜렷하면 흔들리지 않는다

"위대한 이들은 목적을 갖고
그 외의 사람들은 소원을 갖는다."

– 워싱턴 어빙

졸업을 앞둔 학생들이 마주하는 고민은 생각보다 훨씬 복잡하고 무겁다. 무엇보다도 가장 큰 부담은 취업에 대한 불안이다. 채용의 문은 좁은데, 문 앞에 선 경쟁자들은 끝없이 늘어서 있다. 진로를 결정하는 일 또한 쉽지 않다. 취업과 대학원 진학, 창업이라는 여러 갈림길 앞에서 마음은 쉽게 갈피를 잡지 못한다. 여기에 학자금 대출, 생활비, 주거비 등 경제적 부담이 더해지며 '이제는 스스로 살아가야 한다'라는 현실의 무게가 어깨를 짓누른다. 그 위에 학교 밖 세상에 대한 막연한 두려움, '도전했다가 실패하면 어쩌나!' 하는 불안까지 겹치면 마음은 쉽게 흔들린다.

나 역시 그 모든 고민을 안고 있었다. 특히 대학 3학년 때, 어머니께서 오랜 투병 끝에 세상을 떠나셨다. 그 일은 내 삶의 중심을 송두리째 흔들어 놓았다. 마음 붙일 곳 잃은 허전함과 어머니 잃은 설움에서 벗어나고파 입대를 선택했다. 3년 가까운 군 복무를 마치고 복학했지만, 어머니의 빈자리는 여전히 컸다. 더 이상 **의지할 곳 없다는 현실 앞에서 가장 시급한 과제는 경제적 자립이었다.** 대학원 진학이나 다른 진로를 고민할 여유는 허락되지 않았다.

그때 내 마음을 지배한 감정은 **절박함**이었다. 취업하지 못하면 자립할 수 없고, 자립하지 못하면 살아갈 수 없다는 냉혹한 현실이 나를 절벽 끝으로 몰아붙였다. 졸업이 다가올수록 두려움은 점점 커졌다. 마치 벼랑 끝에 서 있다는 기분이 들었다. 그 벼랑 끝에서 빠져나올 수 있는 유일한 길은 오직 취업뿐이었다.

당시는 지금처럼 공무원 시험이 주목받지 않았고, 공기업이 선망의 대상이었다. 정부 주도의 기업은 급여와 안정성 면에서 매력적이었다. 전자공학을 전공한 나에게 한국전기통신공사(KTA)는 가장 현실적이면서 분명한 목표였다. 목표가 정해지자 마음이 놀라울 만큼 또렷해졌다.

문제는 영어였다. 공기업 입사 시험에서 영어는 큰 장벽이었고, 높은 경쟁률 역시 부담이었다. 그러나 '반드시 합격해야 한다'라는 간절함이 두려움을 밀어냈다. 도망치는 대신 도전하는 쪽을 선택했다. 목표가 분명해지자 공부는 고통이 아니라 생존의 수단이 되었다. 화장실에 다녀와 연습장을 펼치면, 무의식중에 적어 내려간 '한국전기통신공사'라는 글자가 빼곡히 눈에 들어오곤 했다. 그만큼 KTA 입사는 내게 절체절명의 목표였다. 절박함은 사람의 잠재력을 극한까지 끌어올린다.

절박함과 간절함이 만들어 낸 집중력

몇 달 동안 하루 서너 시간의 수면만으로 생활했지만, 이상하게도 피곤함을 느끼지 않았다. 간절함이 내 몸 안의 세포들까지 전투 태세로 만들었기 때문이다. 졸음이 몰려오면, 마치 세포들이 방어막을 치듯 정신을 깨웠다. **절박함은 이처럼 부족한 수면 속에서도 나를 버티게 했다.** 그렇게 확보된 집중력은 취업에 꼭 필요한 자격증 취득으로 이어졌다.

유선 설비 기사 자격증은 당시 수요에 비해 공급이 턱없이 부족했다. 자격증만 취득하면 취업이 사실상 보장되던 시절이었다. 목표가 눈앞에 보이자 집중력은 더 높아졌다. 물론 1차 시험에는 합격했지만 2차 논술에서 고배를 마시기도 했다. 그러나 간절함은 포기를 모르게 했고 결국 두 번째 도전에서 합격이라는 결과를 안겨주었다. 자격증을 손에 쥐자 '언제든 취업할 수 있다'라는 심리적 여유가 생겼다.

1981년, 정부는 체신부에서 전기통신사업을 분리해 한국전기통신공사를 설립했다. 통신 서비스의 현대화와 전국적인 통신망 구축이 목표였다. 당시 가구당 전화 보급률은 10%도 되지 않았다. 이를 100%로 끌어올리는 것이 국가적 과제였다. 전화 설비 공사가 급증하면서 관련 업체들이 속속 생겨났다. 자연스럽게 유선 설비 기사 자격증을 가진 나를 영입하고자 하는 회사들이 많아졌다.

한국전기통신공사 역시 수요를 따라잡기 위해 수동 교환대를 전자 교환기로 전환하고, 국산 교환기를 개발해 각 전화국에 보급하기 시작했다. 그 과정에서 전자공학 전공자에 대한 수요는 더욱 늘어났다. 시대적 흐름과 하늘의 도움이 겹쳐, 나는 마침내 간절히 바라던 KTA 입사라는 꿈을 이루게 되었다.

어떤 유혹에도 흔들리지 않는 목표

1985년 졸업을 앞두고 있을 무렵, KBS에서 우리 대학에 학생 추천 요청이 들어왔다. 86아시안게임과 88올림픽을 앞두고 방송 시설과 인력이 대폭 확충되던 시기였다. 무선 설비 기사 자격증을 가진 학생에게 총장 추천으로 특별 채용 기회가 주어졌다.

어느 날 교수님으로부터 KBS 특별 채용에 나를 추천하겠다는 전화를 받았다. 순간 경제적 자립의 꿈이 이루어지는 것 같아 가슴이 두근거렸다. 그러나 내 마음은 이미 한국전기통신공사에 단단히 꽂혀 있었다. 결국 그 제안을 정중히 사양하고, 자격증 가진 다른 친구를 추천해 달라고 역으로 부탁했다. 그만큼 목표가 뚜렷했다.

돌이켜보면, 그때 KBS에 가지 않은 것이 오히려 행운이었다. 물론 KBS에 입사했다면 더 높은 급여와 사회적 지위를 얻었을지도 모른다. 그러나 한국통신과 CBS에서 쌓은 경험과 시간은 그 무엇과도 바꿀 수 없는 소중한 자산이자 행복이었다. CBS가 아니었다면 언론사 대표와 노조위원장이라는 귀한 자리를 경험하지 못했을 수도 있기 때문이다.

정확한 목표와 절박함은 결국 나를 바라던 회사로 이끌었다. 첫 발령지는 거금도였다. 광주에서 버스와 배를 타고 5시간 넘게 걸려 거금도 전화국사에 도착했다. 공기업 입사에 부풀어 있던 기대는 산산이 부서졌다. 마치 유배지에 도착한 듯한 기분이었기 때문이다.

처지가 비슷한 사람들을 만나며 조금씩 마음을 추슬렀다. 이 섬에 먼저 와 근무하던 선생님들과 공무원들은 이렇게 말했다. "처음엔 다들 실망하지만, 살아보면 육지와 다를 게 하나도 없다. 또 여기서 근무하다 떠날 때는 다들 기분 좋게 나간다." 그 말에 마음이 바뀌었다. 한 번도 경험해 보지 못했던 섬 생활을 기회로 받아들이기로 했다. 생각을 바꾸자 사람도 환경도 달라 보이기 시작했다.

처음 유배지처럼 느껴졌던 거금도는 결국 내 인생에 날개를 달아 준 곳이 되었다. 그곳에서 나는 행운은 우연히 굴러온 결과물이 아니라, 스스로 만들어 가는 단계별 과정임을 배웠다. 하늘은 마음가짐에 따라 내 편이 되기도 하고, 등을 돌리기도 한다. 간절함과 분명한 목표는 결국 하늘마저 내 편으로 만든다.

절박함은 사람을 흔들리게 하지만, 간절함은 사람을 단단하게 만든다. 목표가 뚜렷하면 어떤 유혹 앞에서도 흔들리지 않는다. 현실이 기대와 다를지라도 마음을 바꾸면 지옥도 천당이 된다. 행운은 우연한 결과가 아니라, 간절함과 긍정의 태도로 만들어 가는 과정의 결과다.

질문 1   지금 당신에게는, 흔들리지 않을 만큼 뚜렷한 목표가 있는가?

2. 베푸는 일처럼 확실한 투자는 없다

거금도에 도착하자마자 터줏대감인 박용길 씨가 따뜻하게 나를 맞아주었다. 그는 평생을 이 섬에서 살며 금산지소를 지켜온 사람이다. 전화국사에는 관사가 딸려 있었고, 그의 가족도 함께 생활하고 있었다. 이미 성장한 두 딸은 서울에서 직장생활하고 있었고, 중학생 아들과 고등학생, 초등학생 딸, 그리고 부인까지 다섯 식구가 관사에 살고 있었다.

전자 기계실 옆 숙직실이 내 생활 공간이었다. 나는 자연스럽게 그 가족과 한 식구처럼 지냈다. 아침이면 아들 철이가 숙직실 문을 열고 "삼촌, 식사하세요!" 하고 부르곤 했다. 식사를 마치면 박용길 씨와 함께 오토바이를 타고 섬 구석구석을 누비며 전화 고장 수리를 하고 다녔다. 고장 신고가 접수되면 즉시 출동했다. 종일 섬을 돌아다니다 보면 몸은 녹초가 되었지만, 마음만큼은 이상하리만큼 가벼웠다.

'고객 중심', '고객 감동'이라는 말은 TV 광고에서 수없이 들어왔지만, 그 의미를 깊이 이해하지는 못했다. 그 말의 깊은 뜻을 깨닫게 된 곳은 거금도였다. 전화 고장 수리는 고객을 관리하는 차원이었다. 처음 겪는 섬 생활은 낯설고 두려웠으며 솔직히 마음에 들지 않았다. 그 때문에 차원 높은 고객 관리는 소홀할 수밖에 없었다. 그러나 주민들과 자주 마주치고 이야기를 나누다 보니, 어느새 그들의 일상이 내 삶 속으로 들어왔다.

땀을 뻘뻘 흘리며 고장 수리하는 모습을 본 주민들이 "고생 많다."라며 건네는 한마디는 큰 위로가 되었다. 나도 그들의 친절에 반응했다. 그들의 불편을 해결해 주기 위해 온 마음을 쏟아냈다. 그렇게 마음과 마음이 오가기 시작하자 '고객'이라는 단어는 전혀 다른 의미로 해석되었다. 서비스의 대상이 아니라, 형제 같고 부모님 같은 이웃이었다. 그때부터 고객 중심이라는 말은 비즈니스 용어가 아니라, 사람을 향한 따뜻한 마음을 뜻하는 단어로 내 안에 자리 잡았다.

직장생활에서 처음으로 창의력을 발휘한 곳도 거금도였다. 전화기를 직접 개조한 일이 계기가 되었다. 에디슨 같은 발명가들이 생활 속 불편함에서 발명을 시작하게 됐다. 나 역시 전화 고장 수리를 하며 불편함을 느꼈고, 불편함을 개선하고 싶었다. 고장 수리하며 힘든 일은 전화통을 들고 전봇대에 오르는 일이었다. 빈 몸으로 오르기도 힘든 일을 하려니 전봇대 아래에 한 사람이 더 필요했다. 전화로 교환을 호출해야 전화 수리가 가능하기 때문이다.

고민 끝에 전화기를 분해해 발전기만 쏙 떼어내서 프리셋과 연결해 새로 조립했다. 부피와 무게가 절반 이하로 줄어들었다. 허리춤에 매달고 전봇대에 오르니, 혼자서도 교환원을 호출할 수 있었다. 두 사람이 하던 일을 혼자 해낼 수 있게 되었다. 혼자 오토바이를 타고 섬을 누비니 A/S 속도는 빨라지고 고객만족도도 높아졌다.

지금의 근로기준법 제50조는 주 40시간 근무, 최대 52시간을 초과할 수 없도록 규정하고 있다. 그러나 당시는 근무 시간을 훨씬 초과해도 문제 삼는 경우가 거의 없었다. 초과 근무는 당연한 것으로 여겨졌고, 전화 가입자의 불편을 해소하기 위해 밤낮없이 뛰어다녔다. 근무 시간 규정이라는 개념 자체가 희미했다. 총각이었던 나는 숙직실에서 먹고 자고 지내며 사실상 하루 24시간을 근무하는 셈이었다.

한밤중에도 시외 전화가 안 된다며 교환원이 전화를 걸어오면, 자다 일어나 기계실로 들어가 중계기를 고치곤 했다. 전화 고장 형태는 다양했다. 집 전화기 문제일 때도 있었고, 가입자 선로나 케이블, 혹은 기계실 중계기 문제일 때도 있었다. 고장 수리에 몰두하다 보면 시간 가는 줄 모르고 날을 샐 때도 많았다.

하지만 수리가 끝나고 전화가 정상적으로 연결되었을 때의 성취감은 말로 다 표현할 수 없었다. 통화가 이루어지면 가입자는 물론 교환원까지도 기뻐서 몇 번이고 '수고했다 고맙다'라는 인사를 건넸다. 그 기쁨이 고스란히 내게 전달되니, 새벽부터 밤늦게까지 일해도 피곤한 줄 몰랐다. **사람은 자기가 좋아하는 일을 해야 한다고 말한다.** 지금도 그때 '고객을 기쁘게 하는' 그 일이 내게 가장 잘 맞는 일이었다고 생각한다. 일의 재미와 보람, 성취감에 흠뻑 빠져 있던 시기이었기에 그 생각이 틀리지 않다.

거금도는 전남 고흥군 금산면 섬으로 우리나라에서 일곱 번째로 큰 섬이다. 바다를 삶의 터전으로 살아가는 어촌 마을이 대부분이다. 지금은 김을 공장에서 대량 생산하지만, 그때는 가정마다 수작업으로 김을 생산했었다. 고장 수리가 끝나면 감사의 표시로 김을 가방에 넣어주는 집도 있었다. 처음에는 월급을 받고 일하는 내가 당연한 일을 했을 뿐이라며 한사코 사양했다. 그러나 시골 인심은 받지 않으면 오히려 성의를 무시한다고 여겼다. 결국 정으로 받게 되었고, 그렇게 오고 가는 마음은 점점 깊어졌다.

그런 관계가 쌓이다 보니 고장 신고가 들어오면 밤이라도 외면할 수 없었다. 인간적인 관계가 맺어지자, 그들과 함께하는 시간이 즐거웠다. 다른 사람을 기쁘게 하는 일은 내 안에서 긍정의 에너지를 끌어올렸다. 그 에너지는 모든 고객을 가족처럼 느끼게 했다.

사람에게 투자하는 진심은 결단코 외면당하지 않는다

처음에는 섬 주민들과 분명한 거리감이 있었다. 그들은 거친 말투에 욕을 섞어 말했고, 나를 막 대하는 것처럼 보였다. 그러나 시간이 지나고 나서야 알게 되었다. 그 욕은 친근함의 표현이었고, 막 대하는 태도는 나를 가족으로 받아들였다는 신호였다. 나 역시 그들에게 형처럼, 아버지처럼 다가가며 눈높이를 맞췄다. 업무를 넘어 마음을 열고 그들의 삶으로 들어가려 했다. 내가 가진 재능과 능력으로 최대한 돕고, 그들의 애환에도 귀 기울였다. 직업적 책임을 넘어 사람과 사람 사이의 따뜻한 연결을 만들어 갔다.

사람에게 베푸는 일처럼 확실한 투자는 없다. 물론 시간과 에너지가 필요하고, 즉각적인 보상이 따르지 않을 수도 있다. 그러나 진심은 절대로 외면당하지 않는다. 어느 날 그 도움은 부메랑처럼 되돌아온다.

청석마을 이장 박송식 씨의 전화 고장을 수리해 준 적이 있다. 한 여름 땡볕 아래에서 전봇대를 오르내리며 땀을 흘려 고장을 해결했다. 그 모습을 지켜본 이장은 크게 감동했다며 이후 그 동네 고장 수리 가면 직접 사다리를 들고 따라다니며 나를 도왔다. 자기 집 일이 아님에도 수리가 끝나면 나를 집으로 데려가 정성껏 대접해 주었다.

이처럼 내가 베푼 작은 친절은 몇 배의 이자가 붙어 돌아왔다. 그때 나는 확신하게 되었다. **사람에게 베푸는 일만큼 확실한 투자는 없다는 사실을.** 그 이후로 나는 고객 중심을 단순한 비즈니스 전략이 아니라, 사람 중심 삶의 철학으로 삼게 되었다.

그 마음으로 살아가면 어떤 고된 길도 외롭지 않다. 사람을 향한 따뜻한 태도와 진심은 결국 몇 배의 감동과 성취로 되돌아온다. 거금도에서 만난 사람들과의 시간은 내 삶에 그 진리를 깊이 새겨주었다.

> **질문 2**   당신은 베푸는 일을 아직도 손해라고 생각하는가?

3. 아픔은 삶의 일부가 되어 함께한다

> "상처는 우리가 더 깊은 인간이
> 되기 위해 지불하는 대가다."
>
> - 칼릴 지브란

어느 날, 예기치 못한 아픔이 내 삶에 들이닥쳤다. 그것은 인생의 방향을 송두리째 바꿔 놓을 만큼 크고 깊은 상처였다. 사랑하는 아이를 잃고 가슴에 묻어야 했던 슬픔이 나를 강타했다. 그리고 떨쳐 낼 수 없는 죄책감이 나를 압박했다. 그동안 견고하다고 믿었던 신앙마저 흔들리고 말았다. 나는 하나님께 따져 물었다. "많고 많은 사람 중에, 왜 하필이면 접니까?" 절망의 터널 한가운데서 희망을 다시 붙드는 일은 쉽지 않았다.

그날도 나는 출근해 근무 중이었다. 아내에게서 급한 전화가 걸려 왔다.

"여보, 병원에 가기도 전에 양수가 터졌어. 어떡하지?"

당시 나는 방송국 주조정실에서 근무하고 있었다. 주조정실은 생방송이 진행되는 핵심 공간이라 단 1초도 자리를 비울 수 없는 곳이었다. 3교대 근무 체계였기에 다음 근무자가 도착해야만, 교대가 가능했다. 하필이면 휴일이라 동료들은 가족과 외출 중이었고, 휴대 전화조차 없던 시절이라 연락할 방법도 없었다. 긴박한 상황 앞에서 나는 아무것도 할 수 없었다. 발만 동동 구르는 사이 시간은 속절없이 흘러갔다. 결국 아내는 집에서 출산했고, 옆집 510호 할머니가 아이를 받아주었다. 출산 경험이 없는 할머니의 도움 속에서 아이는 양수를 과도하게 흡입했다. 그로 인해 심장이 약한 상태로 태어나고 말았다. 퇴근 후 아이를 병원에 입원시켰지만, 상태는 쉽게 호전되지 않았다. 아이는 오랜 시간 병실에서 버텨야 했다.

그전까지 우리 가정은 큰 걱정 없이 평온한 날의 연속이었다. 아이의 탄생은 더 큰 기쁨과 행복을 가져다줄 것이라 믿었다. 그러나 현실은 달랐다. 병실에서 갓 태어난 아이를 바라보며 견딜 수 없는 죄책감에 휩싸였다. 진통 중인 아내 곁을 지켜주지 못한 나를 원망했다. '내가 곁에 있었다면 이런 일은 없지 않았을까?' 하는 생각이 나를 괴롭혔다.

더 큰 괴로움은 내 무심함에 대한 후회였다. 아이가 태어나기 전, 어린 생명을 위해 간절히 기도하지도 않았다. 복중에 있을 때도 충분한 관심과 사랑을 쏟지 못했다. 뒤늦게 목사님과 성도들에게 기도를 부탁하며 하나님께 매달려 울부짖었다. "아이만 살려주신다면 무엇이든 하나님 뜻대로 하겠습니다."

의사에게도 애원했다. "돈이 얼마가 들든 상관없습니다. 제발 아이만 살려주세요."

작은 몸에 수많은 주삿바늘이 꽂혀 있는 모습을 볼 때마다 가슴이 찢어졌다. 갈비뼈가 훤히 드러난 작은 가슴이 들썩이며 숨 쉬고 있다는 것만으로 희망을 붙잡고 싶었다. 그러나 모두의 기도에도 하나님은 끝내 침묵했다.

아이가 떠나던 날도 나를 애타게 했다. 아내는 아이 이름을 부르며 울부짖었다. "아이가 죽을 것 같아요. 제발 빨리 와줘요." 그러나 그 순간에도 나는 근무 중이었다. 아이가 태어나는 순간에도, 마지막 숨을 거둘 때도 곁을 지켜주지 못했다. 내 처지가 원망스러웠다. 왜 하필 이 시간에 이 자리를 지키고 있어야만 하는지 이해할 수 없었다. 'KTA를 떠나 방송국으로 옮긴 선택이 이런 아픔을 불러온 것은 아닐까?'라는 의문까지 품게 되었다.

성경 속 이집트의 바로 왕은 하나님의 뜻을 거부했다가 자식을 잃는 재앙을 겪었다. 그런데 왜 그 벌이 나에게 내려졌는지도 이해할 수 없었다. 그때부터 신앙은 흔들렸고, 하나님의 존재마저 의심하게 되었다. 성실하게 살아온 나에게 왜 이런 아픔이 주어졌는지 이해할 수 없었다. 세상도, 사람도, 심지어 나 자신마저 미워졌다.

고립 속에서 방황은 길어졌다.

그러던 중 예비군 훈련 통지서를 받고 훈련장에 갔다. 훈련 도중 건강관리협회에서 나와 산아 제한 캠페인을 벌였다. 아이를 잃은 슬픔이 채 가시지 않은 상태였기에 나는 그것을 기회처럼 받아들였다. 다시는 아이를 잃는 아픔을 겪고 싶지 않았다. 아이를 데리고 간 하나님에 대한 복수심도 작용했다. 아내와 상의도 없이 정관 수술을 받았다. 아내는 중대한 결정을 왜 상의 없이 했느냐며 분노했다. 그러나 아이를 잃은 슬픔을 빨리 잊기 위한 최고의 선택이라고 나 자신을 합리화했다.

극한의 아픔까지도 치유하는 시간

시간은 참으로 묘한 힘을 지니고 있다. 만질 수도, 붙잡을 수도 없는 존재지만, 모든 것을 변화시킨다. 오랜 시간이 흐르며 아이는 말없이도 많은 것을 가르쳐 주었다. 무엇이 소중한지, 사랑이란 무엇인지, 인간이 얼마나 연약한 존재인지를 깨닫게 했다. 그 깨달음 속에서 나는 더 이상 무너지지 않겠다는 결단을 내렸다. 죽을 것만 같았던 상실의 아픔은 서서히 기억 속에 정리되었고, 고통에서도 조금씩 벗어날 수 있었다. 시간은 나에게 가장 영특한 의사이자, 맞춤형 치료사였다. 아이와 이별은 누구의 잘못도 아니었다. 내가 살아가며 견뎌내야 할 삶의 한 과정이었을 뿐이다. 부정의 마음은 긍정으로 바뀌었고, 방황은 드디어 끝이 났다.

사람은 아픈 만큼 성장한다고 한다. 나는 그 말을 아픔이 사라진다는 뜻이 아니라, 아픔을 껴안고 살아가야 한다는 의미로 이해했다. 그 덕분에 나는 이전보다 더 단단하고, 더 따뜻한 사람이 되었다. 그 이후 장애인을 보면 아이가 떠올라 자연스레 눈높이를 맞추게 되었다. 세상을 바라보는 시선에도 온기가 깃들었다. 집안 어른들과 아내는 아이를 하나 더 낳자고 권했지만, "방송국 그만두면 하나 더 낳을게요."라고 잘라 말했다. 그러던 나였는데 시간은 내 마음까지도 바꾸어 놓았다. 아들을 하늘로 보낸 지 6년이 흐른 뒤였다. 아내와 상의해서 나는 복원 수술을 받았다. 그리고 마침내 예쁜 딸을 얻었다. 돌이켜보면 너무 큰 아픔 속에서 어리석은 선택을 했다. 다시는 아이를 낳지 않겠다고 고집부리던 시간이 있었다. 그러나 모든 시간이 지나고 결국 귀한 생명을 품게 되었다.

그 딸이 얼마 전 결혼했다. 결혼을 앞두고 딸은 내게 이렇게 말했다. "아빠, 결혼식에 화환 너무 많이 안 들어오게 해주세요." 아빠는 사회 활동이 많지만, 신랑 부모님은 활동이 적어 배려하는 말이었다. 다시는 웃을 수 없을 것 같던 시간이 지나고 태어난 딸아이다. 그 딸이 이제는 나를 감동하게 하며 또 다른 삶의 의미를 일깨워 주고 있다.

아픔은 누구에게나 찾아온다. 흔들릴 수는 있어도 자신을 무너뜨려서는 안 된다. 아픔은 지나가는 손님이 아니라 우리 삶에 함께 머무는 일부다. 나를 무너뜨렸던 아이의 죽음은 결국 나를 더 깊고 성숙한 사람으로 성장시켜 주었다. 시간은 아픔을 끌어안고 살아갈 힘을 준다. 슬픔은 사람을 단단하게 만들고, 다시 사랑할 용기를 키워준다.

하나님을 원망하고 세상이 모두 미워질 때가 있다. 그러나 언젠가 원망이 희망으로 바뀌는 시간이 온다. 그 믿음으로 기다려야 한다. 하늘은 재앙을 허락하기도 하지만, 사랑도 함께 허락한다는 믿음 속에서 때를 기다리는 지혜가 필요하다.

질문 3 당신에게도 삶의 일부가 되어 함께 살아가는 아픔이 있는가?

4. 구속에서 진정한 자유를 찾으려면

1994년 겨울, 6촌 형이 갑작스럽게 우리 집에 찾아왔다. 한약방을 운영하던 형은 다급한 얼굴로 투자 이야기를 꺼냈다. 당시 한약 재료 시장은 무질서했고, 국민 건강과 직결된 문제라 정부의 강력한 규제가 예고된 상황이었다. 머지않아 공장에서 생산한 규격화된 한약 재료만 사용하도록 법이 바뀔 예정이었다.

형은 이 변화를 기회로 삼아 한약 재료 공장을 짓는 데 지분 투자를 하고 싶다며, 내가 은행에서 대출받아 자금을 빌려달라고 부탁했다. 나는 직장인이었고 신용도가 높아 연봉의 열 배 가까운 금액까지 제1금융권에서 대출이 가능한 상태였다. 형은 나와 가까운 사이였고, 내 재정 상황까지 속속들이 알고 있었다. 나는 은행에서 만 원 한 장 빌려본 적이 없어 부담을 크게 느꼈지만, 형을 믿고 빌려주기로 했다. 더욱이 "이자는 내가 책임지고 갚겠다."라는 형의 말에 안심하고 세 차례에 걸쳐 총 5,300만 원을 대출해서 빌려주었다.

그 후 2년 동안 형은 약속대로 매달 이자를 꼬박꼬박 은행에 입금했다. 그 덕분에 은행 빚에 대해 별다른 부담이나 불안을 느끼지 않았고, 원금을 갚으라는 말조차 꺼내지 않았다.

그러던 어느 날, 은행에서 전화가 왔다. 두 달째 이자가 입금되지 않고 있다는 통보였다. 당시 대출 이자율은 은행에 따라 13~15%에 달했고, 매달 65만 원이 넘는 적지 않은 금액이었다. 무슨 일인가 싶어 형에게 전화를 걸었지만, 연락이 닿지 않았다. 수소문 끝에 들은 소식은 충격적이었다. 형이 부도내고 경제 사범으로 교도소에 수감되었다는 것이었다.

불안한 마음으로 교도소로 찾아가 형을 면회했다. 자초지종을 듣고 싶었지만, 형은 "나가서 자세한 이야기를 하겠다."라며 말을 아꼈다. 대신 "열범아, 네 돈은 내가 나가면 제일 먼저 갚겠다."라고 나를 안심시켰다. 나는 두 차례 더 면회하며 영치금을 넣어주고 건강을 챙기라며 위로했다. 마지막 면회에서 형은 곧 출소할 것 같다며 "이제 오지 말라."고 했다. 나는 그 말을 믿고 따랐다. 하지만 형은 출소 후 내게 단 한 번의 연락도 하지 않았다.

나는 형이 이사했다는 화정동 집을 어렵게 찾아갔다. 개발 중인

들판 한가운데 덩그러니 서 있는 단독주택이었다. "교도소에서 내 돈부터 갚겠다고 하지 않았느냐?"라고 따져 물었다, 돌아온 대답은 기가 막혔다. "나 지금 돈 없다. 사업해서 벌어서 갚을 테니, 돈을 더 빌려주라."

돈이 없는데 어떻게 출소하면 갚겠다고 말할 수 있었을까. 인간이 이렇게까지 변할 수 있는가 싶어 말문이 막혔다. 더 당황스러웠던 것은 집안 분위기였다. 형수가 보이지 않아 어디 갔느냐고 묻자, 형은 "이혼당했다."라며 한탄했다. 그런데 마침 국세청 직원들이 위장 이혼에 대해 조사차 형 집을 방문했다. 이 모습을 보고 나는 직감적으로 의심이 들었다. '혹시 진짜 위장 이혼이 아닐까.'

시간이 흐른 뒤, 다른 채권자를 통해 내 의심이 사실이었음을 알게 되었다. 모든 재산을 형수가 가져가고, 형은 부도를 낸 뒤 감옥에 들어간 것이었다. 의도적으로 꾸민 사기였다. 그 당시 5,000만 원이면 광주 중심지 30평 아파트를 살 수 있는 적잖은 금액이었다. 결국 아파트 한 채 값을 은행 빚으로 떠안게 되었다.

그전까지 우리 가족은 은행 빚 하나 없이 내 월급으로 큰 어려움 없이 살아왔다. 그러나 그 이후 월급의 대부분은 빚 상환으로 사라졌다. 설상가상으로 IMF까지 터지면서 이지는 더 치솟았다. 딸아이를 유치원에 보내는 일조차 버겁게 느껴질 정도였다.

매달 쪼들리는 생활 속에서 형에 대한 원망은 점점 커졌고, 때로는 분노로 변해 위험한 상상까지 스쳐 지나갔다. 운전하다 보면 "못 받은 돈 받아드립니다."라는 현수막이 눈에 들어오곤 했다. 그럴 때마다 전화를 걸어 돈을 받아내고 싶은 충동이 일었다. 그러던 어느 날 TV에서 그들의 실체를 보고 소름이 돋았다. 그들은 채무자뿐 아니라 채권자까지 협박하며 돈을 뜯어냈고, 무단 침입과 폭력은 물론 살인까지도 서슴지 않았다. 만약 그들에게 연락했다면, 형은 물론 내 가족까지도 위험한 상황에 빠질 수도 있어 아찔했다. 자칫 더 큰 불행을 불러올 뻔했음을 깨닫고 전화 걸 마음을 접었다.

분노와 원망의 원을 지우는 결단

명절이면 조상 산소에서 어쩔 수 없이 형과 마주쳤다. 미안하다는 표정조차 찾기 힘든 형의 얼굴을 볼 때마다 즐거워야 할 명절은 분노로 얼룩졌다. 어느 추석날 형을 마주치자 문득 어린 시절 어머니가 내게 하던 말이 떠올랐다. "해뫼 작은할아버지 후손들을 조심해야 한다."

작은할아버지는 젊은 시절 행실이 좋지 않아 친척들에게 피해를 줬다고 했다. 어머니는 '피는 속일 수 없다'라며, 그 자손들이 언젠가 우리에게도 해를 끼칠지 모른다고 경고하셨다. 실제로 그분의 후손 중에는 한약방 형 말고도 남의 소를 훔쳐다 팔아 들통이 나 감옥에 간 형제도 있었다.

어머니의 경고를 기억하고 대처했어야 했는데 나는 그동안 잊고 있었다.

보험 회사와 은행 빚을 모두 갚는 데는 10년이 넘는 시간이 걸렸다. 어머니가 이런 나를 하늘에서 내려다보시며 얼마나 답답해하셨을까 생각하면 지금도 마음이 아프다.

그렇게 많은 시간이 흐른 어느 날, '마음속의 원을 지우는 지혜'라는 글을 읽게 되었다.

어느 절 주지 스님이 외출하며 마당 한가운데 큰 원을 그려놓고 동자승에게 말했다. "내가 돌아왔을 때 네가 원 안에 있으면 굶을 것이고, 원 밖에 있으면 절에서 쫓아내겠다." 고민하던 동자승은 빗자루를 가져와 그 원을 지워버렸다. 원의 안이나 밖 그 어디에도 해당이 안 돼 굶지도, 쫓겨나지도 않게 되었다.

이 이야기는 내 마음에 깊은 울림을 주었다. 나는 형과 작성했던 5,300만 원의 계약서를 꺼내 들었다. 그 종이는 오랜 시간 나를 구속해온 '마음속의 원'이었다. 미련과 분노, 억울함과 집착이 모두 그 종이에 묶여 있었다.

나는 결단을 내렸다. 5,300만 원 계약서를 불에 태워버렸다.

종이가 타들어 가는 순간, 나를 옭아매던 마음속의 원도 함께 사라지는 듯했다. 형에 대한 원망은 서서히 옅어졌고, 마음은 놀라울 만큼 가벼워졌다. 그때야 비로소 마음의 자유를 찾았다.

물질은 결국 우리가 죽을 때 가져갈 수 없다. 잠시 맡아두었을 뿐, 본래 내 것이 아니다. 인생은 빈손으로 왔다가 빈손으로 가는 여정이다. 나는 내 것이 아닌 것에 너무 오랫동안 매달려 있었다.

IMF는 많은 사람에게 고통을 주었지만, 내게는 물질에 대한 집착과 배신의 상처를 내려놓게 한 계기가 되었다. 마음속에 지우지 못한 원이 있다면, 이제는 빗자루를 들어 원을 지워야 한다.

용서와 비움으로 마음속의 원을 지워 없앨 때, 비로소 진정한 자유가 찾아온다.

> **질문 4** 당신은 마음의 자유를 얻기 위해 무엇이든 포기해 본 적이 있는가?

5. 절박함은 불가능을 가능하게 만든다

KTA 금산지소에서 근무하던 시절, 친구들은 틈만 나면 장난 전화를 걸어왔다.

"나 전화국장인데, 근무 똑바로 하는가?"

어느 날도 저녁 식사 후 친구와 통화를 막 끝내고 다른 친구에게 전화하려는 순간 전화벨이 울렸다. 수화기를 드는 순간 상대는 익숙한 농담처럼 말했다. "나 전화국장인데." 나는 반사적으로 받아쳤다.

"네가 전화국장이면, 나는 국장 할아버지다."

상대는 자신이 진짜 국장이라고 몇 차례나 강조했지만, 나는 끝내 믿지 않았다.

그러자 그는 체념한 듯 한마디를 남기고 전화를 끊었다. "이 친구, 안 되겠구먼!"

잠시 뒤 담당 과장에게서 전화가 왔다. "이열범 씨, 방금 국장님 전화 받았어?"

그 순간 온몸이 얼어붙었다. 머릿속이 새하얘졌고, 아무 말도 나오지 않았다. 국장에게 돌이킬 수 없는 무례를 저질렀다는 사실을 그제야 깨달았다. 심장이 멎는 듯한 공포가 몰려왔다.

당시 사회 분위기는 지금과는 달랐다. 군사정권의 그림자가 여전히 짙게 남아 있었다. 위계질서와 권위주의는 당연한 문화처럼 뿌리 깊게 자리 잡고 있었다. 공기업인 KTA에서 국장이 말단 직원에게 직접 전화를 거는 일은 상상조차 할 수 없는 일이었다. 더군다나 근무가 끝난 야간에, 그것도 도서 지역 근무자에게 전화가 올 리 없다고 여겼다. 이유가 어떻든 잘못은 분명했다. 나는 실수를 만회할 기회만을 엿봤다.

석 달쯤 지났을 무렵, 국장이 금산지소를 방문한다는 소식이 들려왔다. 마침내 기회가 왔다. 나는 그동안 현장에서 축적한 경험을 바탕으로 '전화 고장 수리 시간 단축'이라는 아이디어를 기획했다. 고장 수리를 담당하는 5만 명의 KTA 직원이 공유할 수 있도록 차트까지 만들어 기획안 발표를 준비했다.

하지만 금산지소를 방문한 국장의 반응은 냉담했다. 상황 보고에 대한 브리핑할 기회조차 주지 않아 기획안은 빛을 발하지 못했다.

방문하자마자 지적할 거리만을 찾기 시작했다. 내 책상 위에 놓인 결재 서류철을 하나하나 열어보던 중, 하필 날인이 빠진 페이지 하나가 눈에 띄었다.

국장의 얼굴이 붉게 달아올랐다. 그는 잠시 나를 노려보더니, 책꽂이에 꽂혀 있던 수많은 결재 서류를 모조리 바닥으로 내던졌다. 나는 겁에 질린 채 쪼그려 앉아 벌벌 떨며 흩어진 서류를 주워 담아 다시 책상 위에 올려놓았다. 국장은 아무 말 없이 또 다른 흠을 찾으러 자리를 옮겼다.

과장을 포함한 일행과 함께 발전실로 이동한 국장은 **발전기 위에 쌓인 먼지를 손가락으로 찍어 나를 보며 혀를 내밀라는 시늉을 했다.** 순간 본능적으로 혀를 내밀 뻔했지만, 간신히 참아냈다. 인격 모독에 가까운 상황이었다. 눈물이 터질 것 같았지만 이를 악물고 버텼다. 이후에도 국장은 단 한마디의 격려 없이 지적만을 이어갔다. 나는 죄인처럼 고개를 숙인 채 그 시간을 견뎌야 했다.

지옥 같은 시간을 거치고 나니 점심때가 되었다. 예약해 놓은 상태라 식당으로 안내를 했다. 국장은 내 말은 들은 체도 하지 않은 채 "김 과장, 점심은 녹동항으로 나가서 먹지?"라고 말하며 차에 올라 떠나버렸다. 나는 차가 사라진 방향만 바라보며 한동안 멍하니 서 있었다.

한 달 넘게 준비했던 아이디어도, 실수를 만회하리라는 기대도 한순간에 서류철과 함께 내팽개쳐지고 말았다. 예약해 두었던 8인 분 식사는 이미 차려져 있어 결국 아내와 단둘이 꾸역꾸역 먹어야 했다.

돌이켜보니 그날 국장의 방문 목적은 내가 생각했던 '격려'와는 전혀 달랐다. 그는 개인적인 감정을 앞세워 나를 혼내기 위해 내려온 듯했다. 그 사건은 내 마음에 깊은 상처를 남겼다. 너무도 큰 충격에 일주일을 앓아누웠고, 무기력증에 빠지고 말았다. 그 일을 계기로 나는 인생의 갈림길 앞에 섰다. **현실을 바꿀 것인가, 아니면 나를 바꿀 것인가.** 권위주의에 갇힌 조직 구조를 개인의 힘으로 바꾸는 일은 불가능해 보였다. 그렇다면 선택지는 하나뿐이었다. 절이 싫으면 스님이 떠나야 한다는 말처럼 나도 떠나는 선택을 했다.

퇴사를 결심하자 금산지소에서 흘린 땀과 흔적들이 떠올랐다. 가족처럼 지냈던 동료, 비 오는 날 전봇대에 오르다 미끄러져 추락했던 기억, 오토바이를 타고 고장 수리를 가다 커브 길에서 미끄러져 20m를 날아갔던 사고 등등 힘들었지만 뜨겁게 살아낸 순간들이 파노라마처럼 스쳐 지나갔다.

그러나 국장과의 사건은 넘을 수 없는 절벽이었다. 더 이상 미래가 보이지 않았다. 결국 사표를 냈다.

사방이 막혔어도 어딘가엔 탈출구가 있다

나는 늘 믿어왔다. 문 하나가 닫히면, 또 다른 문은 반드시 열린다고. 퇴사는 끝이 아니라 새로운 시작이었다. 다시 나를 일으켜 세운 것은 '간절함'이었다. 그리고 그 간절함은 CBS라는 새로운 문을 열어주었다.

KTA가 5만 명이 넘는 대기업이었다면, CBS는 직원 500명도 채 되지 않는 작은 방송사였다. 그러나 규모는 중요하지 않았다. CBS에는 기독교적 가치와 인권을 존중하는 문화가 있었고, 군사 독재 시절에도 권력과 자본에 굴하지 않으며 국민의 목소리를 대변해온 양심의 역사가 있었다.

비기독교인이었던 나는 입사할 자격조차 갖추지 못한 상태였지만, "안 되면 되게 한다."라는 절박함과 도전 정신이 결국 나를 CBS로 이끌었다. 1988년 2월 1일, 첫 출근 날. 사무실 문을 들어서며 말할 수 없는 자부심이 밀려왔다. 그 마음은 정년 퇴임까지 내 삶을 지탱케 하는 힘이 되었다.

정상에 오르는 길에는 2가지가 있다. 케이블카를 타고 쉽게 오르는 길과 땀을 흘리며 한 걸음씩 오르는 길이다. 후자는 더디지만 깊은 보람과 감동을 남긴다. 노력 없이 오른 자리는 가볍고 흔들리기 쉽다. 오래전부터 나는 나 자신에게 약속했었다. 한 계단씩 밟아 오르는 삶을 선택하기로.

그래서 첫 출근 날에도 **엘리베이터 대신 계단을 택해 7층까지 걸어
올라갔다.** 숨이 찼지만, 한 계단 한 계단 오를 때마다 각오를 새기며
마음을 다졌다. 정상에 올라서는 길이 쉽지 않겠지만 이렇게 한 계
단씩 오르다 보면 어느새 정상이 가까워지리라는 믿음을 새겼다.
또 계단을 선택한 첫 출근길은 초심을 잃지 않기 위한 다짐이자, 나
자신과의 약속을 지키기 위함이었다.

KTA라는 한쪽 문이 닫히고 CBS라는 다른 쪽 문을 열게 된 것은
내 인생의 큰 축복이었다. 그 과정에서 하나님을 알게 되었고, 믿음
을 가지고 사는 삶과 그렇지 않은 삶이 얼마나 다른지도 깨닫게 되
었다. 그것은 마치 한글을 알고 세상을 살아가는 것과 한글을 모르
고 살아가는 것의 차이처럼 느껴졌다.

**절박함은 새로운 문을 두드리게 하고, 간절함은 닫힌 문마저 열리게
한다.** 1%의 가능성도 100%의 기적으로 바꾸는 힘은 바로 그 간절
함에 있다.

퇴사는 끝이 아니었다. 더 넓은 세상으로 나아가기 위한 출발점
이었다. 엘리베이터보다 계단을 선택하듯, 나는 느리지만 단단한
길을 택했다. 그 선택 덕분에 KTA에서의 고난은 성장의 밑거름이
되었고, 나는 CBS에서 더 깊고 풍성한 삶을 살아갈 수 있었다.

당신은 불가능하다고 느껴졌음에도 불구하고, 끝내 도전해 본 적이 있는가?

6. 자신과의 싸움에서 승리하고 싶다면

“자신을 이기는 것이
가장 위대한 승리다.”

- 플라톤

현대인은 끝없는 경쟁 속에서 살아간다. 사회가 복잡해질수록 경쟁은 치열해지고, 그 과정에서 예상치 못한 갈등이 생겨난다. 특히 감정에 솔직한 사람일수록 상황을 객관적으로 통제하지 못해 분쟁에 휘말리기 쉽다.

가정도 예외는 아니다. 부부 사이에서도 성격과 생각의 차이로 다툼은 언제든지 발생한다. 나 역시 그렇다. 부끄러운 고백이지만, 아내와의 말다툼이 적지 않았다. 사소한 언쟁이 자존심 싸움으로 번져 며칠씩 말 한마디 하지 않고 지낸 적도 있었다. 속은 타들어 가는데도 “누가 먼저 손 내미나 두고 보자.”라는 오기가 앞섰다. 이겨서 상을 받는 것도 아닌데, 고집을 꺾지 못하는 내 모습을 돌아보면 참으로 어리석었다.

남편이 아내와 싸워 이긴다는 것은 결코 승리가 아니다. "어디 싸울 데가 없어 아내와 싸워 이기려 하느냐?"라는 말처럼, 결국 옹졸한 사람으로 낙인찍힐 뿐이다. 설령 아내가 먼저 시비를 걸었더라도, 가정의 평화를 위해 백 번이라도 져줘야 한다. 옳고 그름을 따지는 대신 물러설 줄 아는 사람이 진짜 강한 사람이다. 이 진리는 부부 관계에만 국한되지 않는다. 형제들이 물질 문제로 다투다 끝내 물러서지 못해, 변호사 비용만 날리고 모두가 패자가 되는 경우를 주변에서 흔히 봤다. 이기려는 사람보다 져줄 줄 아는 사람이 더 큰 사람이며, 더 용기 있는 사람이다.

그러나 세상에는 반드시 이겨야 하는 싸움도 있다. 바로 **자기 자신과의 싸움**이다. 이 싸움에서 지기 시작하면 삶 전체가 흔들린다. 문제는 이 싸움이 언제나 고독하고 험난하다는 데 있다. 도와줄 사람도 없고, 끝없이 반복되며, 지치기 쉽다. 그렇기에 이 싸움에서 이길 수 있는 지혜가 절실하다.

군 시절, 완전 군장을 하고 수십 킬로미터를 행군하던 기억이 있다. 처음에는 군인 정신으로 고통을 이겨냈지만, 두세 시간이 지나자 한계가 찾아왔다. 이런 경험을 몇 번 겪으며 깨달았다. 장시간 행군을 덜 힘들게 하는 방법은 앞사람의 뒤통수만 보고 따라가는 것이라는 사실을.

마라톤에서도 선두 주자는 뒤따르는 주자보다 훨씬 큰 공기 저항을 받는다. 하늘을 나는 기러기 역시 선두에 선 기러기가 더 많은 저항을 받기 때문에, 비행 중 선두 자리를 자주 바꾼다고 한다.

그렇다면 자기 자신과의 싸움은 어떨까. 보이지 않는 적을 상대로, 혼자서 맨 앞에 서서 바람을 맞으며 나아가는 일이다. 에너지 소모가 클 수밖에 없다. 그래서 나는 자신에게 질문했다.

'비록 자신과의 싸움에서 앞서가는 존재가 있다면 얼마나 좋을까?'

나는 서울 목동 제자교회에 출석하고 있었다. 매주 목요일 밤이면 다섯 가정이 목장 모임을 하고 있었다. 다과를 나누며 한 주간 말씀대로 살았던 삶을 10명이 돌아가며 이야기를 꺼내 놓는 모임이었다. 어느 날 모임을 이끌던 이수근 목자가 내게 말했다. "이 집사님은 인품도 그렇고, 일 처리도 추진력 있게 하시는 것이 갈렙을 많이 닮았습니다." 그 말은 내게 낯설었다. 성경 지식이 부족했던 나는 갈렙이 어떤 인물인지조차 제대로 알지 못했다. 하지만 이후 갈렙이란 인물을 깊이 연구하면서, 마치 운명처럼 갈렙에 빠져들었다. 갈렙이야말로 내가 롤모델로 삼아 나의 길을 가야 하겠다고 결심했다.

곧바로 나는 갈렙의 성품과 삶을 닮게 해 달라고 기도했다.

1%의 가능성에도 도전하는 긍정의 용기

갈렙에게서 내가 가장 먼저 배운 것은 두려움을 이겨내는 도전 정신이었다. 이스라엘 백성이 광야 생활을 마치고 가나안 땅에 들어가기 전에 먼저 12명의 정탐꾼을 보냈다. 그들 대부분은 든든한 성벽과 적의 강인한 용사들을 보고 놀라 정복을 반대했다. 그러나 갈렙은 단호했다.

"하나님이 우리와 함께하시면 반드시 이길 수 있습니다."

그의 말에는 '믿음과 긍정' 그리고 '용기'가 담겨있었다. 사람은 생각한 대로 움직인다. 안 된다고 믿으면 시도조차 하지 않지만, 된다고 믿는 사람은 결국 길을 만들어 낸다. 갈렙은 99%의 불가능 속에서도 1%의 가능성을 보고 행동한 사람이었다.

나는 소극적이고 부정적인 태도를 보이는 사람을 좋아하지 않는다. 가능성이 희박하더라도 도전하는 사람에게 마음이 끌린다. 현대그룹 정주영 회장이 부하 직원들에게 "해보기나 했어?"라고 물었던 것도 같은 맥락이다. 불가능을 단정 짓는 순간 가능성은 사라진다. 무모해 보여도 도전하는 정신이 개인을 성장시키고 조직과 사회를 앞으로 나아가게 한다.

갈렙에게서 배운 또 하나는 **양보와 배려의 용기**였다. 가나안 정복 후 지파별로 땅을 분배할 때, 갈렙은 이미 정복된 좋은 땅은 남들에게 양보했다. 그는 힘센 아낙 자손이 버티고 있어 아직 정복도 하지 못한 험한 땅을 가리키며 "이 산지를 내게 주소서."라고 말했다.

대부분 사람은 쉽고 편한 길을 선택한다. 그러나 갈렙은 가장 어려운 길을 자청했다. 나는 그 겸손한 용기에 깊이 매료되었다. 수천 년이 지난 지금까지도 갈렙의 삶이 회자되는 이유다.

내 삶에도 그런 순간이 있었다. CBS 입사를 준비할 당시, 나는 교회에 다니지 않아 세례 증명서가 없었다. 그 자체로 입사는 99% 불가능해 보였다. 많은 사람이 그 지점에서 포기했겠지만, 나는 1%의 가능성에도 도전을 택했다. 그리고 그 도전은 결국 현실이 되었다.

자기 자신과의 싸움은 남과의 싸움보다 더 큰 에너지를 요구한다. 그래서 나는 갈렙을 앞세우고, 그 뒤를 따르는 길을 택했다. 그 선택은 옳았다. 보잘것없던 내가 전남과 울산, 전북에서 지방 언론사 대표라는 중책을 맡을 수 있었던 것도 그 덕분이다.

인생은 끝없는 자기 자신과의 싸움이다. 진정한 승리는 자신과의 싸움에서 이기는 것이다. 그러나 혼자서는 쉽지 않다. 앞서 걸어간 롤모델을 앞세울 때 그 길은 훨씬 덜 고되고 쉽게 갈 수 있다.

독자 역시 자신과의 싸움이 쉽지 않다면 자신만의 롤모델을 찾아 나서야 한다. 그리고 그를 앞세우고 지치지 않는 걸음으로 용기 있게 뚜벅뚜벅 앞으로 걸어 나갔으면 한다.

 당신에게도 닮고 싶은 삶의 롤모델이 있는가?

7. 젊어서 고생은 사서라도 한다

특별할 필요가 없던 하루가, 시간이 흐른 뒤 인생의 전환점으로 남는 경우가 있다. 그날이 바로 그랬다. 당시에는 매일 반복되던 전화 고장 수리 중 하나였을 뿐이었다. 그러나 지나고 보니, 그 하루는 단순한 업무가 아니라 내 삶의 궤도를 바꾸어 놓은 결정적인 사건이었다.

그날의 고장은 보통의 전화가 아니었다. 단 1명의 고객을 위해 설치된 직통 선이었고, 사람의 발길조차 드문 산길을 따라 전봇대가 끝없이 이어져 있었다. 길 없는 산속에 100개 넘는 전봇대가 세워져 있었고, 구리 선 두 가닥은 무려 6km나 깊은 숲속으로 뻗어 있었다. 전봇대를 하나하나 오르내리며 확인해야 하는 구간이었기에 누구도 나서고 싶지 않은 최악의 작업 구간이었다.

　나는 7남매 속에서 자라며 늘 부딪히고, 다투고, 다시 화해하며 성장했다. 그 덕분에 사람들과 어울리는 일에 익숙했고, 낯선 이와도 금세 마음의 거리를 좁힐 수 있었다. 이 성향은 직장생활에서도 큰 자산이 되었다. KTA에서 일할 때 나는 단순히 전화 고장만 고치는 사람이 아니라, 고객의 마음마저 보살피는 직원이 되기를 꿈꾸었다. 엔지니어였지만 상담자였고 때로는 동네 어른들의 이야기를 들어주는 말벗이자 친구가 되었다. 이러한 경험은 훗날 CBS에서 리더십을 발휘하는 데 중요한 밑거름이 되었다.

　그날도 일정 마을 어느 한 어르신 댁에서 고장 수리를 하고 있었다. 전봇대에서 가입자로 연결되는 선이 끊겨 불통이 되는 간단한 고장이었기에 금방 수리를 마칠 수 있었다. 수리가 끝나고 전화 통화가 이루어지니 기분이 좋아진 어르신은 힘겹게 살아온 삶을 넋두리하듯 내게 쏟아냈다. 고개를 끄떡이며 경청하니 어르신은 신이 난 듯 이야기가 길어졌다. 나중에는 서울에 사는 딸 자랑까지 사연을 듣다 보니 시간이 꽤 흘렀다. 자리를 뜨며 "전화도 고쳐 드리고, 어르신 마음까지도 치유해 드렸으니 저는 이만 가겠습니다." 하고 뒤돌아섰다. 어르신은 허허 웃으며 "안녕히 가시게."라고 말하는 순간 전화벨이 울렸다. 전화벨 소리에 나는 오토바이에 오르려다 잠깐 멈칫했다. "교환이 자네 바꿔 달라고 하네."라고 말하며 전화기를 내게 건네줬다. 전화를 받으니 급히 고장 수리해 줄 데가 있어 연락했다며 '오늘 내로 꼭 고쳐 달라'라는 교환원 부탁을 받았다.

금장마을 미역 공장 전화가 불통이라는 연락이었다. 나는 한 치의 망설임 없이 오토바이를 금장마을로 돌렸다. 그 공장은 미역을 일본으로 수출하는 회사로 국제전화를 자주 사용하는 주요 고객이었다. 전화 요금만 해도 월 수십만 원에 달했다.

공장은 바닷가 외진 곳에 있었고, 전화선은 산을 넘어 전봇대를 따라 이어져 있었다. 케이블은 옥룡마을까지만 깔려있었고, 그 이후로는 구리 선 두 가닥이 다시 6km나 이어졌다. 40~50m 간격으로 세워져 100개 넘는 전봇대를 하나하나 오르내리며 점검해야 했다.

비는 부슬부슬 내렸고, 콜타르가 칠해진 나무 전봇대는 몹시 미끄러웠다. 딛고 올라갈 발판 핀이 없어 팔과 다리 힘만으로 버텨가며 올라가야만 했다. **몇 개만 올라가도 기진맥진하고 말았다. 그런데도 멈출 수 없었다.** 시작한 일은 끝을 봐야 한다는, 스스로에 대한 약속 때문이었다.

반드시 통화가 이루어지도록 하겠다는 일념으로 숲을 헤치며 앞으로 나아갔다. 일에 집중하다 보니, 어느새 어둠이 짙게 내려앉은 줄도 몰랐다. 가랑비 내리는 날씨 탓에 달과 별마저 빛을 잃은 산속에서 결국 길을 잃고 말았다. 좀처럼 방향 감각이 살아나지 않아 한참을 허둥대다 가까스로 빠져나왔지만, 시련은 끝나지 않았다. 불어난 물에 오토바이가 도랑에 넘어져 완전히 젖어 있었다. 시동은 걸리지 않았고, 결국 6km를 끌며 걸어야 했다. 오르막을 오를 때마다 몇 번이고 오토바이를 버리고 가고 싶다는 생각이 간절했다.

2시간 넘게 끌고 가서 전화국 마당에 도착했을 때, 나는 이미 탈진 상태였다. 몸과 마음이 지칠 대로 지쳐 술로 풀고 싶었다. 늘 들르던 가게 문을 두드렸다. 너무 늦은 시각이라 쉽게 문이 열리지 않았다. 평소 가게 사장을 '형수'라고 불렀기에 '형수, 형수'라고 크게 외쳤다. 그때에야 가게에 불이 켜지고 문이 열렸다. 소주 두 병만 달라고 했다. 비와 땀으로 흠뻑 젖은 내 모습을 본 형수는 깜짝 놀랐다. "아재, 뭔 일이래요?"라고 물었지만 대답할 힘조차 없어 말없이 가게를 빠져나왔다. 숙직실 문을 닫자마자 눈물이 와락 쏟아졌다. 좌절과 억울함, 분노와 허탈함, 자기 연민이 한꺼번에 밀려왔다. 결국 소주 한 병을 벌컥벌컥 마시고, 쓰러져 잠들었다.

가장 큰 고통을 겪고 나면, 그 뒤의 고통은 더 이상 고통이 아니다.

다음 날, 물에 잠겼던 오토바이를 수리점에 맡기고 걸어서 우체국으로 향했다. 교환실에서 고장 접수 목록을 확인하던 중, 교환원이 "일본에서 전화 와서 미역 공장과 연결해 주었다."라고 말했다. 순간 머리를 한 대 얻어맞은 양 멍해졌다. 고치지 못한 전화가 멀쩡히 연결되었기 때문이다. 살아가다 보면 이처럼 원인을 찾지 못하고 결말이 난 경우가 많이 있다. 특히 살인 사건에서 미제 사건으로 남아있는 경우가 그 한 예다.

아무튼 그날 일은 원인도 모른 채 고장 수리가 되어 아쉬움도 있었지만, 그보다 더 큰 것은 그날의 경험이 남긴 삶의 무게였다.

비에 젖은 전봇대를 오르고 내리던 순간들, 어둠 속에서 길을 잃고 헤매던 공포, 물에 잠긴 오토바이를 끌던 힘겨움, 숙직실에서 울음을 터뜨리던 나의 모습은 이후 내 삶을 지탱하는 분명한 변곡점이 되었다. 그날의 고난은 이후 내가 만난 어떤 시련보다도 깊고 강했다. 그래서 이후 어떤 어려움이 찾아와도 두렵지 않았다. 이미 그보다 더한 시간을 견뎌냈기 때문이다.

사람은 동시에 여러 통증을 겪으면 가장 큰 통증만 느낀다고 한다. 그 말처럼, 그날 이후 웬만한 어려움은 더 이상 '어려움'으로 다가오지 않았다. 마치 에베레스트산을 오른 사람이 동네 뒷산이 힘들다고 말할 수 없는 것과 같은 이치다.

미끄러운 전봇대를 수없이 오르고 내렸음에도 끝내 수리를 못 한 억울함은 내 삶 속에서 하나의 패배였다. 아무도 몰라주는 비와 땀으로 흠뻑 젖은 패배였기에 억울함도 없지 않았다. 더욱이 깊은 산 어둠 속에서 길을 잃고 공포에 떨어야 했기에 뇌리에 가해지는 충격은 컸다. 그래서 수십 년이 지난 지금도 그날의 기억이 생생하기만 하다. 하지만 우리 속담에 '젊어서 고생은 돈 주고도 사서도 한다'라고 했다. 나는 그날 돈 한 푼 들이지 않고 그 고생을 얻었으니, 이보다 큰 행운이 또 어디 있겠는가.

고난 뒤에는 반드시 행운이 따라온다. 그러니 고난을 두려워할 필요가 없다. 오히려 그날 이후 어떤 고난도 맞이할 준비가 된 사람이 되었다. 그때의 고생은 내 인생을 단단하게 만들었고, 어떤 난관 앞에서도 물러서지 않을 힘을 길러주었다.

삶에는 꽃길도 있고 가시밭길도 있다. 그러나 꽃길만 걸으려 한다면 꽃을 피울 수 없다. 가보지 않은 길이 두렵고 험해 보일수록 호기심을 품고 한 걸음 내디뎌야 한다. 가시밭길을 걸어본 사람만이 그 끝에서 꽃길을 만난다. 지금의 고생은 내일의 꽃길을 위한 밑거름이다. 그 길을 기꺼이 선택하라. 그 끝에는 반드시 보답이 있다.

> **질문 7** 젊어서 고생은 사서도 한다는 말을 얼마나 실감하세요?

8. 적자생존 - 적는 자만이 살아남는다

아이디어나 영감이 머릿속을 스치듯 떠올랐다가 이내 사라져 버린 경험은 누구에게나 있다. 분명 중요한 생각이었는데, 막상 다시 떠올리려 하면 흔적조차 남아있지 않은 경우도 많다. 약속해 놓고도 깜박 잊어버려 정작 지켜야 할 순간을 놓치는 일 역시 다반사다. 이는 인간 기억력의 한계이자, 생각이라는 것이 얼마나 쉽게 휘발되는지를 보여주는 단적인 예다.

잠깐 번뜩였던 영감은 붙잡지 않으면 다시 돌아오지 않는다. 약속 시간은 훌쩍 지나고 나서야 문득 떠오르기도 한다. 그중에서도 아내와의 약속을 잊어버려 깊은 상처를 안겨주었던 사건은 내 인생의 방향을 완전히 바꾸어 놓은 결정적인 계기였다. 그 일을 겪은 뒤로 메모는 선택이 아닌 삶의 일부가 되었다.

CBS에 입사한 지 석 달쯤 지났을 무렵, 어느 월급날 상여금이 포함된 두툼한 급여 봉투를 받았다. 돈을 통장에 넣어두기 위해 회사 근처 한일은행(현 우리은행)을 찾아갔다. 통장을 만들 서류를 제출하고, 대기하고 있었다. 잠시 후 은행 직원이 내 이름을 불렀다. 당시는 번호표를 뽑아 전광판을 확인하는 시스템이 없던 시절이라, 직원이 직접 고객의 이름을 불렀다. 내 이름을 듣고 창구로 다가가자, 창구에 앉아 있던 은행원 아가씨가 잠시 머뭇거리며 "혹시 조선대학교…." 하고 말끝을 흐렸다. 고개를 들어 그녀의 이름표를 보는 순간, 심장이 철렁 내려앉았다. "앗! 경희 씨!" 나도 모르게 소리를 질렀다. **대학 시절 미팅으로 만나 잠시 인연을 나누었던 그 여학생이 바로 눈앞에 있었다.**

어쩔 줄 몰라 하는 나를 보며 그녀는 대뜸 물었다. "결혼하셨어요?" 나는 아무 생각 없이 "예."라고 대답하고 말았는데, 순간 그녀의 표정이 미묘하게 굳어졌다. 실망의 기색이 고스란히 묻어났다.

제대 후 복학하고 얼마 지나지 않아 미팅으로 처음 그녀를 만났다. 몇 차례 데이트하며 좋은 감정을 쌓아가던 중이었다. 그러던 어느 날, 고등학교 친구 모임인 쇠울회에서 순천 송광사로 여행을 가기로 했다. 애인을 동반해야 한다는 조건이 붙었다. 애인이 없던 나는 경희에게 함께 가자고 제안했다. 당연히 동행할 것으로 생각했지만, 그녀는 단호하게 거절했다. 아버지가 엄격한 분이라 밤 9시

이전에는 반드시 귀가해야 한다는 규칙 때문이었다. 젊은 혈기였던 나는 "그럼 결혼하면 되잖아!"라고 말했다.

그러고는 **함께 가면 결혼, 가지 않으면 이별**이라는 극단적인 선택을 강요하고 말았다. 결국 그녀는 동행하지 못했고, 우리의 인연도 그렇게 끝이 났다. 이후 내가 내뱉은 말의 책임 때문에 먼저 연락하지 못한 채 세월이 흘렀다. 그런 그녀를 무려 5년 만에 은행 창구에서 다시 만난 것이다. 업무 중이었기에 오래 이야기를 나눌 수 없어 토요일에 다시 만나기로 약속했다. 당시에는 개인 전화가 흔치 않던 시절이라, 자취 중이던 나는 주인집 전화번호를 적어 주고 헤어졌다.

토요일 오전 근무를 마치고 오후가 되자 전화가 왔다. 우리는 시외버스 터미널에서 만나 버스를 타고 광주 근교 담양으로 향했다. 담양읍 버스 터미널에 내려 읍내 하천 둑길을 따라 천천히 걸었다. 5년이라는 시간을 거슬러 오른 만남이었기에 서먹서먹함은 지울 수 없었다. 특히 나는 이미 결혼한 몸이었고 그녀는 여전히 미혼이었기에 더욱 그랬다. 그날도 그녀의 귀가 시간은 학창 시절과 다르지 않았다. 밤 9시를 넘기지 않았다. 저녁을 함께 먹고 헤어져 자취방으로 돌아왔다. 대문을 열고 마당에 들어서자 내 방에 불이 켜져 있었다. '내가 불을 켜 놓고 나갔었나?'라는 생각이 스쳤다. 부엌을 통해 **방으로 들어가려는 순간, 아내의 신발이 눈에 들어왔다.** 그제야 머리를 세게 얻어맞은 듯 정신이 번쩍 들었다.

일주일 전, 토요일에 조퇴하고 광주로 올라오겠다고 했던 아내와의 약속이 떠올랐다. 나는 그 약속을 까마득히 잊고 있었다.

방문을 열자 아내는 방 한쪽에 쪼그리고 앉아 있었다. 나를 보자 울먹이며 말했다.

"내가 당신 만나러 오는 줄 뻔히 알면서, 어떻게 다른 여자를 만나고 밤중이 되어서야 나타나는 거야?"

그 말을 남기고 아내는 울음을 터뜨리며 밖으로 뛰쳐나갔다.

어리둥절한 나는 '여자를 만난 걸 어떻게 알았지?'라는 생각이 들었다. 큰일이 났다는 생각에 아내를 뒤쫓아 밖으로 뛰어나갔다. 저만치 앞에서 택시를 잡아타려는 아내를 향해 "잠깐만!" 하고 외쳤지만, 아내는 돌아보지 않았다. 있는 힘을 다해 달려가 택시 앞좌석 문을 열고 올라탔다. 운전기사는 당황한 표정으로 "다른 손님이 먼저 타셨는데…"라는 눈빛을 보냈다. "이 사람 남편입니다. 사직공원으로 가 주세요." 내 말에 운전기사는 백미러로 뒷좌석의 아내 표정을 확인한 뒤 서서히 차를 출발시켰다.

사직공원 팔각정에 올라 어깨를 나란히 하고, 시내 야경을 바라보며 나는 그날의 모든 과정을 솔직하게 털어놓았다. 약속을 잊고 다른 약속을 잡은 나의 잘못을 인정하며 진심으로 사과했다. 아내는 주인집 아주머니에게서 '여자 전화 받고 나갔다'라는 말을 듣고 온갖 상상을 하게 되었다고 고백했다.

오해는 풀렸지만, 그날의 불안은 쉽게 가라앉지 않았다. 얼마 지나지 않아 아내는 KT 직장을 그만두고 고흥에서 짐을 싸 광주로 올라왔다. 신혼이었던 내가 혹시라도 또 다른 여자를 만날까 염려되어 과감히 사표를 던진 것이었다. 나 역시 자취방을 정리하고, 큰형님이 이사해 마침 송정동 본가가 비어 있어 그곳으로 들어가 함께 살기 시작했다.

휘발하는 생각을 '생각의 그물망'으로 붙잡아라

고흥에서 전화국에 근무하던 시절이다. 항상 수첩을 들고 다니며 모든 대화를 기록하던 김설 우체국장이 떠오른다. 그는 대화를 마치고 돌아서면 잊어버리기 때문에 적어야만 한다며, 모든 일을 꼼꼼히 수첩에 기록했다. 그러면서 늘 이렇게 말했다. "**적는 자만이 살아남는다. 적자생존(筆者生存)이다.**"

메모하지 않아 아내에게 깊은 상처를 준 사건은 내 삶에 뼈아픈 교훈을 남겼다. 그날 이후 가방 속에는 항상 수첩이 자리 잡았고, 무엇이든 적어두는 습관이 몸에 배었다. 요즘은 스마트폰 메모 앱을 활용해 일정과 아이디어를 기록한다. 덕분에 중요한 약속을 잊는 일은 거의 사라졌다. 다만, 미처 적지 못한 약속은 여전히 깜박

할 때가 있어 '적자생존'의 의미를 다시금 실감한다.

많은 사람이 순간 떠오른 생각을 붙잡지 못해 소중한 기회를 흘려보낸다. '나중에 적지' 하고 넘기는 순간, 생각은 이미 사라져 버린다. 한 번 흘러간 생각은 다시 돌아오지 않는다. 그래서 메모는 '생각의 그물망'이다.

섬에서 근무하던 시절, 바닷가에 앉아 노을을 바라보며 물 위로 번쩍 튀어 오르는 물고기를 본 적이 있다. 그 순간, 그물망이 있다면 저 물고기를 잡을 수 있을 텐데 하는 생각이 들었다. 생각도 마찬가지다. 예고 없이 불쑥 튀어 오른다. 그때 메모라는 그물망이 있어야만 소중한 생각을 붙잡을 수 있다.

기억은 시간이 지나면 흐려지지만, 기록은 선명하게 남는다. 소중한 약속도, 번뜩이는 아이디어도, 삶의 흔적도 모두 메모로 붙잡아야 한다.

적는 사람이 살아남는다는 '적자생존(筆者生存)'을 마음에 새겨라. 그것은 나를 지켜주는 가장 든든한 버팀목이며, 삶을 견고하게 세워주는 가장 확실한 방법이다.

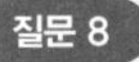

제 2 장

흔들릴지언정, 꺾이지 않았다

1. 희생할 기회를 기꺼이 짊어져라

"막힌 길은 뚫고 가면 되고,
높은 길은 넘어가면 된다."

-『성공하는 사람의 7가지 습관』 중에서

1997년 IMF 외환 위기는 대한민국 전체를 깊은 혼란 속으로 몰아넣었다. 환율은 2,000원을 넘나들었고, 나라 전체가 위태로운 상황에 놓여 있었다. 종로5가에 있던 CBS는 더 큰 도약을 꿈꾸며 목동에 새 사옥을 짓고 TV 방송을 준비했다. 기대와 달리 공중파 TV 허가는 방송 경험이 없던 태영건설로 돌아갔다. 정치권력의 입김이 짙게 작용한 결정이었다. 사옥 건립을 위해 이미 빚을 짊어진 CBS는 외환 위기의 직격탄을 맞으며 순식간에 재정 위기로 빠져들었다.

경영진은 위기 속에서도 또다시 빚을 내 구조 조정을 단행했다. 명예 퇴직금과 위로금이 과도하게 지출되면서 재정 상태는 더욱 악화하였고, 상황은 파국으로 치달았다. 결국 부채는 감당하기 어려운 수준에 도달하고 말았다. 월급마저 제때 지급되지 않으면서 직원들의 불만은 임계점을 넘어서고 있었다.

노조원들은 무리한 구조 조정 앞에서 아무런 대응도 하지 못한 노조 집행부를 강하게 성토했다. 책임을 감당하지 못한 집행부는 결국 총사퇴했고, **노조는 방향을 잃은 채 사실상 해체 위기에 놓였다.**

다행히 위기의식을 느낀 전국 지부장들이 급히 청주에 모여 회의를 열었다. 이후 광주 지부장 자격으로 회의에 참석했던 이석범 PD와 생방송을 함께하던 중 뜻밖의 이야기를 전해 들었다.

"지부장들이 선배를 차기 노조위원장 적임자로 지명했습니다. 부담이 크시겠지만, 꼭 맡아주셨으면 합니다." 그 말을 듣는 순간, 책임의 무게가 온몸으로 전해졌다.

CBS는 일반 사기업과 달리 주인이 없는 회사다. 굳이 따지자면 한국교회 교인과 직원들이 주인이다. 그만큼 경영진의 책임 의식이 약한 조직이다. 따라서 사측과 노조라는 2개의 수레바퀴가 함께 굴러가야만 바로 설 수 있는 조직이다. 어느 한쪽이라도 무너지면 조직 전체가 쓰러질 수밖에 없다. 무너져 가는 노조를 다시 세워야 한다는 사명이 내 어깨 위에 얹힌 순간이었다. 현실은 녹록지 않았다. 나는 6촌 형에게 큰돈을 빌려주었다가 사기를 당해 은행에 큰 빚을 떠안고 있었다. 광주와 서울을 오가며 이중 살림을 해야 하는 형편이 감당하기 벅찼다. 마음은 조직을 살리고 싶었지만, 삶의 무게가 발목을 잡고 있었다.

더 큰 문제는 지방 근무자들의 분노였다. 중앙의 불공정한 인사, 지역에 대한 홀대 등을 무대응으로 일관했던 기존 노조 집행부에 대한 실망까지 더해졌다. 이로 인해 본사와 지역 간의 골은 이미 깊어질 대로 깊어져 있었다. 지역 직원들은 자신들의 목소리를 대변할 누군가가 필요해 한목소리로 나를 지목했다. 그 때문에 나는 1년 전, 'CBS 개혁'을 내걸고 노조위원장 선거에 출마한 적이 있다. 결과는 본사와 지역 본부 대결 양상에서 수적 열세를 극복 못 해 두 표 차 낙선이었다. 지금 돌아보면 그 패배가 얼마나 다행이었는지 모른다. 만약 그때 당선되었다면 사퇴한 전임 집행부가 받았던 불신과 책임을 고스란히 내가 떠안았을지도 모른다.

"아무것도 두려워 말라. 내가 너와 함께함이니라."

- 이사야 41장 10절

답답한 마음에 같은 아파트에 살던 후배 병호와 단둘이 회사 뒷산에 올랐다. 허물없이 속내를 털어놓을 수 있는 후배였다. "회사를 위해 위원장을 맡는 게 맞겠냐, 아니면 빚부터 갚는 게 우선이겠냐."

병호는 잠시 생각하더니 조심스럽게 말했다. "선배님, 이건 쉽게 결정할 문제가 아닌 것 같습니다."

그 말이 옳았다. 그래서 기도로 답을 구하기로 했다. 매일 밤 잠자리에 들기 전, 새벽마다 하나님께 묻고 또 물었다. 송정용 담임목사님께도 상황을 말씀드리고 기도를 부탁했다.

얼마 후 목사님을 통해 응답이 전해졌다. "이 집사님이라면 이 어려운 국면을 돌파해 낼 지혜와 용기가 충분합니다." 그 말씀을 듣는 순간, 마음 깊은 곳이 환하게 열리는 느낌을 받았다.

나는 2가지를 결단했다.

첫째, 부채와 생활의 문제는 하나님께 맡기기로 했다.

둘째, CBS가 지고 있는 무거운 십자가는 내가 지겠다고 결심했다.

짐을 싸서 무작정 서울 본사로 향했다. 막상 상경해 보니 앞이 막막했지만, 후배 주철이가 온 힘을 다해 나를 도왔다. 기거할 곳이 없어 걱정하니, 후배 기환이가 신월동 아파트에서 혼자 지내고 있으니, 그와 함께 지내기를 제안했다. 기환이 역시 흔쾌히 허락했다. 숙소 문제가 해결돼 처음 하나님께 맡긴 결정이 틀리지 않았다는 확신이 들었다. 그러나 또 하나의 난관이 남아있었다. 위원장을 보좌할 사무국장을 누구에게 맡길 것인가 하는 문제였다. 서울 사정을 잘 아는 주철이와 상의한 끝에 전임 사무국장 지웅을 찾아갔다. 이미 장기 해외여행을 앞두고 있어 끝내 고사했다. 이어 임형섭 기자에게도 부탁했으나, 전임 집행부에 대한 책임감을 이유로 완강히 거절했다. 마음은 점점 무거워졌다. 그때 뜻밖의 인물이 찾아왔다.

평소 노조에 비판적이었던 보도국 박호진 기자였다. "제가 사무국장을 맡겠습니다."

예상치 못한 제안에 놀랐지만, 그의 눈빛 속에서 회사에 대한 진심 어린 애정을 읽을 수 있었다. 긍정적이고 적극적인 성향은 오히려 위기 국면에서 큰 힘이 될 것으로 판단했다. 나는 흔쾌히 그를 받아들였다. 이후 보도·편성·기술·총무 각 부위원장이 선임되었고, CBS 제10대 노동조합은 공식 출범했다.

공산국가가 몰락한 이유

사람들은 흔히 노조를 부정적인 시선으로 바라본다. TV 속에 비치는 과격하고 폭력적인 장면들 때문일 것이다. 그러나 나는 확신한다. 노와 사는 수레의 양쪽 바퀴다. 한쪽 바퀴만으로는 절대 앞으로 나아갈 수 없다. 공산국가들이 몰락한 이유도 여기에 있다. 견제 세력이 사라지면 권력은 필연적으로 독선으로 흐른다. 그 때문에 사(社)가 있다면 노(勞)도 반드시 존재해야 한다. 단, 노조는 집행부만의 이익이 아니라 회사와 구성원 전체를 위해 존재해야 한다는 전제가 따라야 한다.

나는 원래 주어진 자리에서 묵묵히 일하며 월급을 받는 평범한 삶을 원했는지도 모른다. 그러나 직원들은 나를 CBS를 변화시킬 마지막 희망으로 바라보고 있었다. 누군가는 무너져 가는 회사를 바로 세워야 했기에 결국 내가 나서야 했다. 그래서 나는 나 자신을 희생해 CBS를 지키기로 결단했다. 이 선택 앞에서 누가 감히 돌을 던질 수 있겠는가.

위태로운 회사와 무너진 노조를 먼 산 바라보듯 외면할 수는 없었다. 조직이 있어야 내가 있고, 조직이 살아야 나 역시 살아갈 수 있다. 조직을 위한 희생은 결단코 가볍지 않다. 그러나 고난 속에서도 신념을 잃지 않는다면 변화는 반드시 찾아온다.

만약 어느 순간, 조직을 위해 희생할 기회가 주어진다면 두려워하지 말고 그 책임을 기꺼이 짊어져라. 그 선택이 조직을 살리고, 결국 세상을 바꾸는 출발점이 될 수 있기 때문이다.

2. 계란으로 바위를 깨뜨리는 용기

　노조위원장을 맡고 얼마 지나지 않아 개혁적인 교계 인사 몇 분을 만났다. 한국 교계의 부패 정도가 생각보다 심각하다는 말을 듣게 되었다. 정의감에 불타 있던 나는 "부패한 교계를 바로 잡지 않고, 왜 지금까지 방치하고 있었느냐?"라고 반문했다. 그들은 "부패가 되돌리기 힘들 정도로 단단하다. 누구든 나섰다가는 '계란으로 바위 치기'라서 한 방에 깨지고 만다. 이래서 개혁은 엄두도 낼 수 없었다."라며 자포자기한 상태임을 시인했다. 더욱이 특정인이 교계 권력을 쥐고서 CBS를 포함 교회 연합기관의 사장을 자신의 입맛에 따라 임명한다는 말에 분개하지 않을 수 없었다. 누구나 부패 척결 필요는 느끼면서도 아무도 나서지 못한다면 내가 먼저 나서겠다고 결심했다. '계란으로 바위 치기'라면 바위가 얼마나 단단한지 내가 먼저 부딪쳐 보겠다. 부딪쳐서 깨지면 다시 일어나 또 부딪치는데도 안 되면, 다음 사람이 그다음 사람이 계속해서 이어가면 된다. '우공이산'이란 중국 고사성어처럼 시간이 걸리더라도 한국 교계를 반드시 바로잡겠다는 각오를 다졌다.

　회사는 외환 위기라는 복병을 만나 20%가 넘는 이자를 갚아나가며 위태위태한 나날을 보내고 있었다. 심지어 어떤 부채는 53%나 되는 이자를 주며 돌려막기로 하루하루 버텨나가고 있었다. 이 상황이 되도록 사장과 그를 보좌하는 본부장과 국 · 실장들은 뭣 하고 있었던 거야. 평직원인 내가 경영해도 이보다는 더 잘할 수 있겠다는 생각이 들었다. 무능한 경영진에 실망을 느낀 직원들은 '차라리 부도라도 났으면 좋겠다'라고 공공연히 말하기도 했다. 부도나서 새로운 주인이 나타나면 임금은 제때 받을 수 있을 거란 막연한 기대 때문이었다. 나는 부도가 나면 대량 해고는 불을 보듯 뻔해 어쨌든 부도는 막아야 한다는 생각뿐이었다. 결국 직원들 희생이 필요했기에 노조원들을 설득해서 과감히 임금 400% 반납해서 회사 살리는 데 힘을 보탰다. 봉급쟁이에게 임금 400% 반납은 뼈를 깎는 아픔과도 같다. 노조원들이 희생한 만큼 회사도 대안을 내놓으라고 회사를 압박했다. 회사는 대안 마련에 너무 안일했다. 답답한 마음에 김용환 총무국장을 통해 사장을 나이아가라호텔에서 만나기로 했다. 사측은 권호경 사장과 김용환 총무국장, 노조 측은 나와 박호진 사무국장이 배석했다.

희망 잃은 직원들에게
비전 제시 못 하는 무능한 사장

회사가 어려워 이대로는 망할 수밖에 없다. 직원들은 점점 희망을 잃어가고 있다. 이쯤 해서 사장님께서 직원들에게 '비전 제시'를 해 달라고 제안했다. 사장은 자신은 목사라서 비전을 제시할 수가 없다며 제안을 단호히 거부했다. 뜻밖의 대답에 몹시 당황스러웠다. 메시지 전하는 일이 목사 본업인데 말이 안 돼 재차 비전 제시를 부탁했다. 머뭇거림도 없이 또 단칼에 거부했다. 사장을 빤히 쳐다보며 "비전 제시하는 데 뭐가 그렇게 힘들다고 거부합니까?"라고 언성을 높였다. 목사라서 거짓말을 할 수 없어서 비전 제시는 못 하겠다는 말만 반복했다. 비전 제시가 왜 거짓말을 하는 거냐고 따져 물었다. 비전 제시해서 지켜지지 못하면 그게 거짓말이 되는 것이라며 항변했다. 수백 명의 직원을 책임지고 있는 사장치고는 무책임하고 비굴하기 짝이 없었다. "무능한 사장이라고 스스로 자처하니 우리는 사장 퇴진 운동을 펼칠 수밖에 없네요."라고 대놓고 말했다. 그때 마침 커피가 나왔다. 티스푼으로 설탕을 커피잔에 퍼 넣던 사장 손이 바르르 떨며 설탕을 테이블에 쏟았다. 퇴진 운동한다니 많이 당황한 듯 보였다. 그 뒤로도 사장의 마음을 돌리려고 애를 썼지만 끝내 거부당했다. 이토록 무능한 분을 사장으로 모시고 있다니 서글픈 생각이 들었다. 결국 사장 퇴진 운동은 피할 수 없는 우리의 운명으로 받아들였다.

이후 노조원들은 노조 사무실로 찾아와 **"언제 파업에 들어가느냐 빨리 파업을 시작하자."**라며 파업을 다그쳤다. 사장의 무능함만으로는 파업이 정당화되지 않는다. 섣불리 파업했다가 해고와 같은 중징계라도 받으면 사태만 악화시킬 뿐이다. 우선 파업에 필요한 명분 축적이 필요했다. 임금을 주지 못하는 경영진은 더 이상 신뢰할 수 없다. 임금 협상을 통한 합법적 파업을 끌어낼 계획을 짰다. 먼저 지방과 중앙 노동위원회에 차례로 중재를 요청할 계획이었다. 그리고 중재가 무산되면 파업 찬반 투표를 통해 파업을 생각하기로 했다. 이러한 절차적 과정이 많은 시간이 필요해서 파업을 원하는 노조원들은 지루하게 느낄 수밖에 없다. 그렇더라도 합법적인 파업을 이끌기 위해 노조 집행부에서는 모든 절차의 과정을 하나씩 차근차근 밟아나가야만 했다.

이처럼 파업으로 가는 과정을 차근차근 밟아나가고 있을 때 CBS 표용은 재단 이사장이 노조위원장인 나를 만나자고 연락이 왔다. 표용은 이사장은 한국 교계를 쥐락펴락하는 교계 거물 정치인이다. CBS 사장쯤이야 언제든지 맘만 먹으면 임명도 하고 퇴임도 시킬 수 있는 위치에 있는 분이다. 그동안 CBS 노조는 부패 사슬을 끊기 위한 파업을 시도조차 해보지 않았다. 이전 노조와는 다르다고 직감한 모양이다. 박호진 사무국장과 함께 마포에 있는 그랜드호텔 커피숍에서 표 이사장을 만났다. 이사장이 먼저 말을 꺼냈다. 권 사장 퇴진 운동까지는 좋은데 파업까지 하면 CBS가 더 어려워질 텐데 어떡하나? 이사장님, 우리도 파업하기 싫은데 오죽했으면 파업하겠다고 나서겠습니까? 이사장은 우리 둘의 얼굴을 뻔히 살피더니, "무엇이 문제인가?"라고 물었다. 백척간두에 처한 CBS를 구해 내기 위해 노조는 임금 400% 반납이라는 희생을 감수해 냈습니다. 그렇다면 권 사장도 회사 살리는 일이라면 어떤 희생도 마다하지 않아야 옳지 않습니까? 그런데 목사라서 비전 제시 못 하겠다니, 이게 말이 됩니까? 이는 명백한 책임 회피며 무능함을 스스로 드러낸 꼴입니다. 사장이 물러나야 CBS가 살 수 있다며 직원들은 사장 퇴진과 파업을 줄기차게 요구하고 있습니다. 노조 집행부로서는 직원들의 불만을 받아들여 파업을 강행할 수밖에 없습니다. 이 사장은 가만히 듣고 있더니, **"내가 어떻게 하면 파업하지 않겠나?"**라고 물었다.

"권 사장이 당장 물러나게 하십시오." 이에 표 이사장은 3개월의 말미를 주면 물러나게 하겠다고 했다. 이는 권 사장 퇴진을 위해 활활 불타오르고 있는 노조원의 열기를 꺾기 위한 고도의 전략으로 생각했다. 그건 절대 받아들일 수 없다며 당장 퇴진시켜야 한다고 맞섰다. '당장 퇴진'과 '3개월의 말미'라는 양측의 팽팽한 기 싸움이 계속됐다. 결국 한 달 내 퇴임시킨다는 암묵적 합의를 이루었다.

그로부터 며칠 후 이사장으로부터 전화가 왔다. "위원장, 노조가 먼저 약속을 어겼기 때문에 그날 마포 그랜드호텔 약속은 없었던 것으로 한다."라고 일방적 약속 파기 통보를 해왔다. 배신감에 도 저히 참을 수 없어 다른 대안이 없다고 생각하고 파업을 실행에 옮 기기로 했다. 무능한 사장은 물론, 위원장과의 약속을 파기하며 노 조를 우롱한 재단 이사장까지도 포함해서 퇴진 운동을 펼쳤다.

변화와 개혁이 필요할 때 누군가 나서서 시작하지 않으면 아무것도 바뀌지 않는다. 부도 위기의 회사를 살리고, 부패한 권력을 바로잡 기 위해 먼저 부딪쳐 보기로 했다. 때론 고립되고 배신당하는 순간 도 있었지만, 정의를 향한 싸움은 멈출 수 없었다. 거대한 산을 바 다로 옮기는 일처럼 힘들었지만, 시간은 정의 편이었다. 지금도 여 전히 나는 작은 달걀에 불과하지만 거대한 바위와 맞설 용기만 있 다면 세상을 바꿀 수 있다고 믿는다.

질문 10 　당신은 실패할까 두려워 선뜻 나서지 못할 때가 있는가?

3. 개혁은 힘들지만 누군가는 나서야 한다

> "옳은 일은 언제나 쉽지 않다. 그러나
> 쉬운 길은 결코 옳은 길이 아니다."
>
> - 마틴 루서 킹 주니어

근로자는 매달 받는 임금으로 생계를 꾸려간다. 회사가 약속한 월급을 제때 지급하지 못하자, 직원들 마음에 쌓인 불안과 분노는 감출 수 없을 만큼 부풀어 올랐다. 노조는 회사에 임금 지급을 요구하며 파업 가능성을 경고했지만, 회사는 "돈이 없다."라는 말로 모든 책임을 회피했다. 그러한 회사의 불성실한 태도에 분노가 치밀어 올랐다. 당장 파업이라도 하고 싶은 마음은 굴뚝같았다. 하지만, 절차를 무시하면 오히려 조합원이 불법 파업으로 처벌받을 수 있다. 옳은 일을 하면서도 법의 테두리 안에서 행동해야 한다는 현실이 답답했지만 모든 절차는 지켜야 했다.

박기용 부위원장, 박호진 사무국장과 함께 영등포 지방노동위원회를 찾아가 체불 임금을 공식적으로 고발했다. 우리의 호소가 노동위원회에서 해결되길 기대했지만 돌아온 결과는 무기력한 행정 절차뿐이었다. 할 수 있는 모든 것을 했지만 그들은 단지 '중재 시도'를 위한 자리를 마련해줄 뿐이었다. 어쩌면 우리보다 회사의 입장을 더 배려하는 듯한 그 분위기에 깊은 좌절감을 느꼈다.

중앙노동위원회에도 같은 방식으로 고발했고, 그곳에서 회사와 마주 앉았지만 결국 중재는 결렬되었다. 그제야 우리는 합법적 파업을 위한 모든 조건을 갖추게 되었다. 조합원 투표에서도 파업 찬성률은 90%를 넘었다. 그런데도 우리는 마지막까지 변화의 의지를 회사가 보여주기를 기다렸다. 파업은 마지막 수단이었고, **우리가 진짜로 바랐던 것은 회사의 진심 어린 사과와 경영정상화를 위한 의지였다.**

회사는 외부 기독교계 인사들을 내세워 중재를 시도했다. 성공회대학교 이재정 신부, 기독교서회 김상근 목사 등 이름만 들어도 무게감 있는 분들이 나섰다. 그들이 준비한 중재안은 노조의 일방적 양보를 요구하는 안이었다. 마치 밀린 임금을 포기하고 오로지 소처럼 일만 하라는 메시지나 다름 아니었다. 소는 여물이라도 주고 일을 시키는데 임금도 주지 않고 일만 하라니 받아들일 수 없었다. 결국 이들의 중재도 줄줄이 실패했다.

파업하지 않고 문제를 해결코자 회사의 변화를 바라고 혼자 단식 투쟁에 돌입했다. 며칠을 굶으니 얼굴 살이 쏙 빠져 몰골이 보기에 흉측스러웠다. 그런데도 회사는 '측은지심'이란 찾아볼 수 없었고 인정도 없고 최소한의 양심도 없었다. 위원장이 죽을 각오로 단식하는데 몇몇 국장이 사측 몰래 들여다보는 것 말고는 콧방귀도 뀌지 않았다. 배고픔보다 괴로운 것은 '과연 이 싸움이 이길 수 있는 싸움인가'라는 의문이었다. 그래서 단식하며 성경을 옆에 두고 읽으며 하나님께 의지했다. 성경을 읽을수록 부당함을 바로잡기 위한 싸움은 올바른 신앙인이 걸어가야 할 길이라고 마음이 굳어졌다.

위원장과 함께한다는 마음으로 조합원들은 점심때면 부조정실 등 여러 곳에서 부서별로 모여 기도회를 열었다. 낮은 울음이 새어 나오기도 하고, 서로 손을 잡고 하나님께 간절히 매달리는 모습에서 나는 큰 위로를 받았다. 혼자만의 단식 투쟁이 아니라 올바른 길을 향하는 공동체 모두의 싸움이었다.

기득권의 저항이 개혁을 가로막았다

나는 두 번이나 10일 가까운 단식을 했지만, 회사는 요지부동이었다. 그들은 천둥 번개에도 꿈쩍 않는 바위였고 나와 노조원들은 계란이라는 사실을 실감했다. 회사의 변화를 바라고 죽을 각오로 혼자 단식하는 일은 그들에게 무의미했다. 결국 최후 수단으로 1999년 3월 5일, CBS 역사상 첫 파업이 선포되었다. 이는 단순히 못 받은 임금을 달라고 요구하는 문제를 넘어, 한국 교계를 향한 개혁의 깃발을 올리는 일이었다. 그러나 개혁에는 항상 기득권의 저항이 뒤따랐다.

기득권 세력의 힘은 예상보다 강했다. 특정인의 친인척과 조카들이 오랜 기간 시험 없이 대거 채용되어 전체 직원의 1/4이 넘었다. 이들은 파업이 시작되자 노조를 탈퇴하며 노조의 단결을 헤치고 힘이 빠지게 했다. 합법적인 노동조합의 행위를 방해하고 회사 개혁의 변화를 가로막았다.

충격적인 일도 있었다. 오래전 노조위원장을 지냈던 선배가 나를 불러냈다. 목동의 어느 생맥주 가게에서 그는 "옥상에 올라가 뛰어내려 죽어라. 그래야 CBS가 산다."라며 입에 담지 못할 폭언을 퍼부었다. 선배가 이끌던 노동조합이 어용 노조였고 기득권 편에 섰다는 사실을 스스로 밝히는 꼴이라 배신으로 다가왔다. 또 이름만 대도 알만한 다른 중재자는 나에게 **"차로 칠 것이다, 밤길 조심하라."**라고 **협박을 서슴지 않았다.** 생명의 위협을 느끼며 두려움에 떨어야 했지만, 노조원들이 흔들릴까 봐 그 누구에게도 발설조차 못 했다. 이처럼 개혁을 가로막는 기득권 세력의 저항은 의외로 강하고 비굴했다.

33일간의 투쟁 끝에 노사는 마침내 개혁안에 합의했다. 모두가 불가능하다고 했지만, 우리는 바위를 조금씩 깨뜨려 나갔다. 사장과 나는 직원들 앞에서 합의문에 서명했다. 그 순간만큼은 이 긴 싸움이 헛되지 않았다고 믿었다. 그러나 회사는 몇 시간만에 '합의안을 파기한다'라고 노조에 통보해 왔다. 우리는 파업을 풀고 각자 자신이 맡은 일터로 돌아가기에 바빴다. 지방에서 올라와 상경 투쟁을 했던 조합원들은 각자 흩어져 버스 터미널이나 기차역으로 향했었다. 부산이나 광주 등지에서 올라왔던 조합원들은 아직 도착하지도 못한 시각이었다. 어쩜 노사 합의문에 서명한 잉크가 채 마르기에도 이른 시간이었다. 망치로 머리를 '쾅'하고 강하 얻어맞은 듯 정신을 차릴 수 없었다. 노사 합의는 단순한 문서가 아니다. 법적인 책임 문제 이전에 하나님과의 약속이며 노와 사의 신뢰의 문제였다. 그 약속이 이렇게 쉽게 무너지는 모습을 보며 깊은 허탈감에 빠지고 말았다.

분노한 노조원들은 다시 1층 로비에 모였다. 나를 포함한 집행부는 노조원들이 지켜보는 가운데 삭발로 다시 결연한 투쟁 의지를 다졌다. 머리카락이 잘려 바닥에 떨어질 때마다 노조원들은 눈시울을 붉히며 분노와 슬픔을 토해냈다.

회사는 합법적 파업임에도 불구하고 집행부 21명 전원에게 해고를 통보했다. 힘의 논리가 정의를 짓밟는 순간이었다. 그러나 싸움은 끝나지 않았다. 후임 민경중 위원장 체제 아래 9개월간이라는 기나긴 투쟁이 이어졌다. 이러한 두 번의 파업 투쟁 과정이 CBS

역사에 깊은 상처를 남겼지만 동시에 CBS를 바로 세우는 결정적 전환점이 되었다. 개혁은 언제나 고통스럽다. 그러나 그 **고통을 감내한 사람들이 있었기에 변화는 가능했다.** 우리는 패배한 듯 보였지만, 정의를 포기하지는 않았다. 우리의 싸움은 단기적인 승리가 아니라, 다음 세대를 위한 기준을 세우는 일이었다. 한국교회의 부패는 여전히 존재해 누군가는 다시 이 길을 걸을 것이다.

그때 이 기록이 "누군가가 정의를 지키기 위한 원칙을 끝까지 붙들었다."라는 증거로 남기를 바란다.

누군가 두려움을 떨쳐내고 깃발을 들 때, 세상은 아주 조금씩이라도 변화가 일어난다.

그 누군가가 바로 독자였으면 좋겠다.

질문 11   **당신은 불의를 보면 분개하고 행동에 나설 마음이 있나요?**

4. 작고 불안한 희망으로도 버티는 힘

앞서 언급했듯이 한 달 넘게 이어진 파업 끝에 노사 대표는 마침내 합의문에 서명했다. 계란으로 바위를 부딪쳐서 얻어낸 희망이었다. 그러나 회사는 이러한 희망마저 짓밟았다. 사장이 직접 서명한 문서였지만, 그 위에 군림하는 더 큰 권력이 존재했다는 증거다. 회사의 공식 합의조차 마음대로 뒤집을 수 있는 자는 단 한 분뿐이었다. 그의 앞에서 법과 절차는 허울에 불과했다.

이 노골적인 도발 앞에서 노조위원장인 내가 선택할 수 있는 마지막 수단은 죽음을 각오한 단식 투쟁뿐이었다. 위원장으로서 마지막이자 세 번째 단식이었다. 노조원들은 사장실 앞 복도에 자리를 잡고 출입을 막았고, 나는 사장실 문 앞에서 단식을 시작했다. 시간이 흐를수록 몸과 마음이 지칠 대로 지친 나는 급격한 체력 저하로 단식 8일째 되던 날 그만 쓰러지고 말았다. 119에 실려 이대목동병원으로 옮겨졌다.

혼수상태에 빠지고 말았던 나는 정신을 차리자마자 퇴원해서 다시 단식을 이어가겠다고 했다. 그러나 담당 의사는 체력이 완전히 소진된 상태라며 퇴원을 허락하지 않았다. 다시 단식에 들어가면 생명을 장담할 수 없다고 단호히 말렸다. 결국 단식은 그날부로 멈춰야 했다. 이 싸움은 단지, 못 받은 임금을 받기 위한 싸움이 아니었다. CBS의 미래, 더 나아가 한국교회의 미래를 위한 싸움이었다. 반드시 이겨야 한다고 믿었던 싸움이었지만, 그 순간 하나님은 우리의 손을 들어주시지 않았다. 시간이 지나 돌아보니, 그것은 패배가 아니라 더 긴 인내의 시간을 요구하는 과정이었다. 이후 더 많은 고통과 희생이 제물로 바쳐진 뒤에야 'CBS 개혁'이라는 선물을 얻어내는 승리가 있었다.

위원장이 병원에 실려 가며 공백이 생기자 비상대책위원회가 꾸려졌다. 회사는 그 틈을 놓치지 않았다. 비대위에 내민 '수정된 노사 합의문'은 사실상 노조의 완전한 패배를 전제로 한 문서였다. 그런데도 우리는 서명할 수밖에 없었다. 눈앞의 승패보다 조직의 장기적 생존과 이후의 더 큰 싸움을 준비하는 것이 우선이라고 판단했기 때문이다. 파업이 끝났다고 싸움이 끝난 것은 아니었다. 낡은 경영 구조, 불투명한 인사 시스템, 그리고 기득권의 저항은 그대로 남아있었다.

사장은 회사를 살릴 비전도, 장기적 발전 계획도 제시하지 못한 채 자리보전에만 몰두했다. 노조원들의 불만은 날로 쌓여갔다. 더 큰 문제는 사측이 비대위와 합의한 3가지 약속마저 하나도 지키지 않았다는 점이었다.

1. 정관 개정을 통한 재단 개혁 2. 구체적인 경영 개선안 마련 3. 연말 경영 평가 실행

이 모든 약속은 공허한 말로 끝났고, 회사 신뢰는 완전히 무너졌다.

그러던 중 상황을 더욱 악화시키는 사건이 터졌다. 총선을 불과 석 달 앞둔 시점에 권호경 사장이 '축 총선 승리'라는 문구가 적힌 화분을 민주당 김옥두 신임 사무총장에게 보낸 사실이 드러났다. 정치적 중립을 생명으로 삼아야 할 언론사 수장으로서는 결코 용납될 수 없는 행동이었다. 노조는 즉각 공식 사과와 사장 퇴진을 요구했다.

심지어 후임 민경중 노조위원장은 사태를 수습하기 위해 사장과 단독으로 만나 "함께 물러나자."라는 제안까지 했다. 그러나 사장은 사과는커녕 제대로 된 해명조차 내놓지 않았다. 그 순간부터 노사 간의 싸움은 명분의 문제를 넘어 감정의 충돌로 번졌고, 회사는

걷잡을 수 없이 흔들리기 시작했다.

보다 못한 간부들이 나섰다. 그들은 '사장 용퇴', '노조 폭로 중단', '재단 개혁 추진'을 요구하는 연대 성명을 발표했다. 회사의 대응은 대화가 아니라 징계였다. 이재천, 허미숙, 윤병대, 문영복 등 부국장급 간부들이 정직 2개월과 지방 전보 징계를 받았다. 또 기자와 PD들까지 반발하며 취재·제작 거부 사태로 이어졌다. 회사는 그 배후로 노조를 주목 민경중 위원장과 김준옥 사무국장을 면직 처리했다. 경영 정상화보다 직원들에게 칼을 휘둘러 사태를 악화시키는 데 매진했다. 노조는 다시 파업했다. 3월 5일 1차 파업에 이어, 같은 해 10월 5일 2차 파업에 돌입했다. 이 싸움은 무려 9개월 동안 이어졌다.

무임금 생활로 한 달, 두 달을 넘어가자 현실은 가차 없는 고통으로 다가왔다. 봉급으로 생계를 유지하던 직원들에게 9개월 무임금은 곧 생존의 문제였다. 수입이 끊긴다고 지출이 멈춰주지는 않았다. 아이들 학비는 그대로였고, 식비와 공과금은 매달 나갔다. 처음에는 통장에 들어있는 돈으로 버텼지만, 곧 바닥이 드러났다. 보험을 해약하고, 적금을 깨 생활비로 충당했다.

마침내 전세금을 빼 월세로 전환했고, 그 차액으로 생계를 이어갔다. 그것마저 바닥나자 밤과 휴일을 가리지 않고 아르바이트에 나섰다. 몸은 녹초가 되었지만, 마음만은 무너지지 않으려 애썼다.

우리가 버틸 수 있었던 이유는 단 하나. **이 싸움이 끝나면, 부패한 CBS와 한국교회가 달라질 것이라는** 희망이었다. 그 희망은 작고 불안한 불씨였지만, 그 불씨 하나가 우리를 9개월 동안 버티게 했다.

우리가 이렇게 아르바이트 등으로 버티는 동안 무능한 경영진은 이 사태를 즐기는 듯했다. 방송이 망가져도 관심이 없었다. 무임금으로 지출이 절약되니 경영에는 오히려 도움이 되었기 때문이다. 무능의 극치로 오로지 자리보전만이 최대의 목표인 경영진은 이처럼 방송을 급격히 무너뜨리고 있었다.

그런데도 개혁의 흐름은 끊어지지 않았다. 민경중 위원장의 9개월 투쟁 이후 황명문 위원장으로 이어졌고, 마침내 교계가 일방적으로 사장을 지명하던 구조를 바꾸는 데 성공했다. '사장 선출제', '직원 사장제'라는 제도가 정착되었다. 투표로 사장을 뽑는 이 변화는 수많은 희생 위에 얻은 결실이었다. 이제 CBS는 특정인의 사유물이 아니라, 구성원과 한국교회 전체의 공적 자산으로 자리 잡게 되었다.

그러나 한국교회의 현실은 여전히 엄중하다. 일부 교회 지도자들의 극단적 발언과 비상식적 행태는 교회를 사회적 조롱의 대상으로 만들고 있다. "하나님 까불면 나한테 죽어."라는 말이 버젓이 지도자의 입에서 나오고, 이를 제어하지 못한 채 추종하는 이들이 존재하는 현실은 참담하다. 교회 세습, 불투명한 재정, 성직자의 도덕적 타락이 누적되면서 교회는 신뢰를 잃었고, 젊은 세대는 등을 돌렸다.

"너희는 세상의 소금이라. 소금이 그 맛을 잃으면 아무 쓸모가 없다."(마 5:13) 지금의 한국교회는 이 말씀 앞에 서 있다. 그래서 개혁이 필요하다. 그리고 그 개혁의 선봉에 CBS가 서야 한다. 대형교회의 눈치를 보는 방송이 아니라, 교회의 부패를 끊어내고 도려낼 수 있는 공적 방송이어야 한다.

우리가 두 번의 파업과 10개월간 무임금을 견딘 이유는 흔히, 일반적인 노조에서 볼 수 있는 임금 인상 문제가 아니었다. CBS가 한국교회를 바로 세우는 데 앞장서야 한다는 사명 때문이었다. 그 과정에서 받은 상처와 희생은 이루 말할 수 없지만, 그 피와 땀 위에 CBS는 다시 섰다. 이제 그 바통은 후배들에게 넘어갔다. 교계의 영향력은 아직도 여전하다. 부패한 구조를 잘라내고 CBS가 공공성과 영성을 회복하는 길을 멈추지 말아야 한다. 그 길은 분명 힘들고 고통스러울 수밖에 없다. 그러나 용기 있는 자의 길에 하나님은 함께하신다. 나는 그 믿음만은 현재도 앞으로도 의심하지 않는다.

질문 12 우리 사회를 위해 교회가 어떻해야 한다고 생각하세요?

5. '경영의 전설'이라고 불리게 된 비결

2025년 8월에 발표된 통계에 따르면, 우리나라에는 약 790만 개가 넘는 소상공인 기업체가 존재한다. 전체 사업체의 95.2%를 차지하는 이들은 시장 변화와 업종 간 경쟁, 외부 환경 요인에 가장 민감하게 흔들릴 수밖에 없다. 경영의 본질은 분명하다. 수익을 창출해 이익을 내는 것이다. 그래야 고용을 유지하고, 사회에 이바지하며, 지역과 국가 경제에도 선순환을 만들어 낼 수 있다.

그러나 수익은 목표가 아니라 결과다. **간절히 이루고 싶은 목표가 있다면, 도전을 두려워해서는 안 된다.** 배는 항해하기 위해 만들어졌다. 위험하다고 항구에만 머문다면, 그 배는 존재 이유를 잃는다. 사람도 마찬가지다. 목표나 약속 없이 아무것도 하지 않은 채 머무는 삶은 안전할 수는 있을지 몰라도 결단코 의미 있는 삶은 아니다. 이

땅에 보내진 존재라면 누구에게나 자신만의 항해가 있어야 한다.

전남 CBS 본부장으로 발령받아 직원들과 처음 마주했을 때, 나는 분명하게 말했다.

"1년 안에 흑자 전환을 이루고, 3년 안에 매출을 두 배로 만들겠습니다."

이는 과거 노조위원장 시절, 내가 경영진에게 가장 듣고 싶었던 바로 그 '비전 제시'였다. 지키지 못할까 봐 아예 약속을 피하는 리더는 리더라고 할 수 없다. 리더의 약속은 반드시 지켜야 하고, 지키기 위해 누구보다 앞장서 뛰어야 한다. 직원들 눈빛에는 의심이 가득했다. 전임 본부장들 역시 비슷한 말을 남겼지만, 결과는 늘 달라지지 않았기 때문이다. 그 불신 눈빛은 오래가지 않았다. 말뿐만이 아니라 직접 행동으로 보여주었기 때문이다.

간절함이 담긴 기도는 응답이 따른다

부임 직후 오현주 총무팀장으로부터 첫 과제가 창립 5주년 기념 행사로 '인순이 초청 공연'이 예정되어 있었다. 두 달도 채 남지 않은 행사였고, 기획안을 상세히 살펴보니 적자가 예상된 사업이었다. 기업 경영에서 적자는 치명적이다. 이대로 행사를 강행한다면, 직원들과 약속한 목표는 첫 단추부터 흔들릴 것이 분명했다. 이미

표가 판매된 상황이라 취소도 쉽지 않았다. 며칠을 고민하다 결국 기도밖에 할 수 없었다.

"하나님, 이 공연을 취소할 수 있는 길을 열어주십시오."

그 기도가 입 밖으로 나오는 순간, 아니 행사 날짜가 코 앞인데 공연 취소라니!

기도하는 가운데 은연중에 불쑥 튀어나온 말에 나 자신도 놀랐다. 그만큼 상황이 절박했다.

공연을 한 달여 앞두고 인순이 측에서 먼저 연락이 왔다. 목 상태가 좋지 않아 전국 순회 일정이 늦춰지면서 순천 공연을 연기해 달라는 요청이었다. 나는 기도 응답으로 받아들였다. 이미 많은 표가 팔렸다는 이유로 "공연을 연기하기에는 사정이 어렵다."라고 설명하며, 공연 취소를 공식화했다.

문제는 대체 공연이었다. 시간은 촉박했고, 창립 기념 행사는 반드시 치러야 했다. 서울 본사에서 관리부장으로 근무하며 공연을 기획했던 경험을 살려 음악 FM 부장에게 도움을 요청했다. 전진, 마야, 혜은이 등 7080 가수 7~8명을 단기간에 섭외했다. 판매된 공연 표는 전액 환급 조치해 주고 새로운 공연 초대장을 발송했다.

윈윈전략이 좋은 결과를 만든다

결과는 기대 이상이었다. 지출은 절반 이하로 줄었고, 수입은 두 배 이상 늘었다. 공연 변경으로 인한 위약금마저 인순이 측에서 부담했다. 이전 공연 취소로 미수금이 남아있던 업체를 다시 섭외해 무대 설치 비용까지도 아낄 수 있었다. 손실을 막은 수준이 아니라, 수익 구조 자체를 바꾼 셈이었다.

협찬 유치에서도 새로운 원칙을 적용했다. 내가 순천대학교에 5,000만 원 협찬을 제안하자 광고 담당 김진호 국장은 내 말에 난색을 보였다. 그러나 나는 이미 '윈윈전략'을 준비해 두고 있었다. 순천대 출입 기자인 고영호 팀장을 통해 총장 면담을 주선했고, 직접 대학으로 찾아갔다.

"창립 5주년 기념 공연입니다. 5,000만 원 협찬을 부탁드립니다."

총장과 기획실장은 난감해하며 예산이 없다고 했다. 나는 곧바로 제안을 바꿨다.

"마침 대학 축제 기간입니다. 학생들을 위한 공연이 필요하지 않겠습니까? CBS가 공연을 맡고, 대학은 다른 예산 항목에서 협찬을 편성해 주십시오."

결국 2,000만 원 협찬을 끌어냈다. 더욱이 대학 협력 기업에서 1,000만 원을 추가로 끌어오도록 협조를 했다. CBS는 대관료를 절감했고, 대학은 적은 비용으로 학생들에게 수준 높은 공연을 제공할 수 있었다. 이것이 내가 말하는 '특화된 원원전략'이었다.

당시 전남 CBS는 5년 연속 적자에서 벗어나지 못하고 있었다. 그러나 분명한 목표와 약속을 생명과도 같이 여기는 리더의 태도는 조직의 분위기를 바꾸어 놓았다. 모든 것을 투명하게 공유했고, 직원들에게 자부심과 자신감을 심어주었다. 외부 협력 조직을 구축해 수많은 우군을 만들었고, 어느 후임이 오더라도 흔들리지 않도록 시스템을 정비했다.

그 결과 몇 년 뒤, 감사차 전남 CBS를 찾은 본사 경리부 강대석 직원이 이렇게 말했다.

"전남에서는 본부장님을 '경영의 전설'이라고 부르더군요."

지금도 수많은 소상공인이 생겨나고, 또 사라진다. 790만 개 중 흑자를 내는 기업은 절반에도 미치지 못하고, 매년 100만 명이 넘는 사업자가 폐업한다. 환경은 냉혹하고 경쟁은 치열하다.

그런 현실 속에서 내가 '경영의 전설'이라는 별칭을 얻을 수 있었던 이유는 단 하나였다. 남들과 다른, **나만의 특화된 전략**이 있었기 때문이다. 본사에도 없던 오케스트라를 만들고, 소년소녀합창단을 창립해 아이들에게 꿈을 심어주었다. 공연을 지역사회로 확장하고 후원회 시스템을 구축했다. 성과가 곧 보상으로 이어지는 인센티브 제도를 도입하되, 일부가 아닌 모두가 혜택을 누리도록 설계했다.

모든 전략의 중심에는 언제나 사람이 있었다. 경영은 건물을 세우는 일이 아니라, 사람을 세우는 일이다. 내가 먼저 직원들을 신뢰해야 조직도 나를 신뢰한다. 그 신뢰가 모일 때 조직은 움직이고, 그 움직임이 결국 큰 변화를 만든다.

지금도 경영의 최전선에서 고군분투하는 수많은 경영인에게 말하고 싶다. 남들이 가는 길을 그대로 따르지 않아도 괜찮다. 자신만의 방식으로, 사람의 마음을 얻는 경영을 해보라. 그 길 끝에서 당신 역시 누군가에게 '경영의 신'으로 기억될 수 있을 것이다.

질문 13 세상을 살아가면서 당신만의 특화된 전략이 있나요?

6. 공이 과로 바뀔 때, 분노 대신 인내를

— 빅터 프랭클(Viktor E. Frankl)

전남 CBS를 맡았던 시절은 나와 직원들에게 참으로 귀한 시간이었다. 직원들은 각자의 자리에서 묵묵히 최선을 다했고, 그 헌신은 눈에 띄는 성과로 이어졌다. 전남 CBS가 다른 방송본부에 비해 규모는 작았지만, 직원들 마음은 누구보다 크고 담대했다. 예상보다 훨씬 많은 매출이 발생했고, 나는 그 결실을 임금 인상이라는 가장 정직한 방식으로 직원들에게 돌려주었다.

나는 방향만 제시하고 불필요한 간섭은 하지 않는 리더십을 선택했다. 이에 직원들은 외부의 눈치를 보지 않고 마음껏 역량을 펼치기 시작했다. 신뢰가 신뢰를 낳는 선순환이 이루어졌다. 선순환 힘은 전남 CBS를 해마다 흑자 내는 본부로 바꾸어 놓았다. 한때는 경영 사정이 나빠 아무도 오고 싶어 하지 않던 본부가 어느새 '가장 가고 싶은 본부'로 바뀌게 되었다.

그러던 중 사장이 교체되면서 대대적인 감사가 시작되었다. 전임 사장 재임 시절의 모든 사안이 도마 위에 올랐다. 전남 본부장으로 성과를 내고 있던 나 역시 예외일 수 없었다. 관리부장 시절 담당했던 업무들을 이유로 본사 감사실에 소환되었다. 감사실장은 마치 범죄자를 대하듯 차갑고 날 선 질문을 이어갔다. 서운함과 모멸감이 마음 깊은 곳에서 뒤섞였지만, 겉으로 드러낼 수는 없었다.

투철한 도전 정신과 진취적인 성향 탓에 관리부장 시절 많은 일을 빠르게 추진했다. 그만큼 감사 대상이 될 사안도 많았다. 감사는 무려 26시간 동안 단 한 번의 휴식도 없이 진행했다. '혹시 결론을 미리 정해 놓고 감사를 하는 건 아닐까?' 하는 **억울함이 머릿속을 떠나지 않았다.** 심지어 '차라리 아무 일도 하지 않았다면 이런 감사는 받지 않았을 텐데'라는 생각까지도 들었다.

그러나 마음 한편에는 흔들리지 않는 확신이 있었다. 내가 해온 일에 부끄러움이 없었고, 누구보다 회사를 사랑하며 헌신해 왔다는 자부심이 있었다. 특히 서울 목동 중심지에 단 한 푼의 투자금 없이 수백 평 규모의 상가 건물을 확보해 수백억 원에 이르는 CBS 자산 가치를 올리는 성과를 냈다. 그 일로 공로상까지 받았었다. 그런데도 사장이 바뀌자 공은 하루아침에 과로 바뀌었다. 전임 사장과 신임 사장 사이의 불편한 관계가 감사에 반영된 듯한 느낌을 받았다. 밤을 새워 감사를 진행했지만 뚜렷한 하자가 드러나지 않자, 무리하게 징계 사유를 만들어 내는 모습도 보였다.

교보문고 주말 전기료 문제는 그 대표적인 사례였다. 주말에는 대부분의 사무실이 운영되지 않아 공조기를 가동할 필요가 없었다. 다만, 결혼식장만큼은 특성상 주말에 주로 운영해 추가 전기료를 부담하도록 하고 공조기를 가동했다. 대신 전기료만큼 주차비는 무료로 제공했다. 하지만 교보문고는 무료 주차 대상도 아니었고, 주말 전기료를 두 배로 받는다는 자체가 상식에 맞지 않았다.

나는 감사실장에게 차분히 설명했다.

"세상 어느 건물주가 주말이라고 전기료를 두 배 받습니까?"

그는 고개를 끄덕이며 "그러네요"라고 답했다. 그러나 최종 감사 결과에서 그 사안은 '주말 전기료를 두 배로 받지 않았다'라는 이유로 징계 항목에 그대로 올라갔다.

에스컬레이터 설치 역시 마찬가지였다. 약 2,000평에 이르는 지하 공간을 살리기 위해 화단을 허물고 건물 외부에서 직접 연결되는 동선을 만든 것은 혁신적인 시도였다. 입주사가 공사비를 부담했지만, 장기적인 관리와 법적 안정성을 위해 시설물은 헌납받아 CBS 자산으로 이전했다. 3억 원이 넘는 자산을 회사 명의로 확보하기 위한 당연한 조치였다.

그런데도 감사실장은 "왜 월 20만 원의 관리비를 본사가 부담하느냐"고 따졌다. 나는 되물었다.

"입주사가 10년 뒤 나가면서 3억 원짜리 에스컬레이터를 뜯어가도 된다는 말입니까? 매달 20만 원과 3억 원의 자산, 어느 쪽이 회사에 더 이익입니까?"

현명한 사람은 아무리 억울해도
참고 기다려 다시 기회를 잡는다.

그는 "본부장님이 회사에 큰 이익을 안겨주셨네요."라고 말했다. 그러나 그 항목 역시 징계 사유로 남았다. 이해하는 척하던 말들은 말뿐이었고, 나의 헌신은 어느새 '부정의 흔적'처럼 포장되어 있었다. 그렇게 만들어진 징계 사유는 모두 아홉 건에 달했다.

결국 나는 '3개월 대기 발령'이라는 중징계를 받았다. 3개월 뒤 자동 해고로 이어질 수도 있는, 사실상 사망 선고와 다름없는 처분이었다. 분노하며 주저앉고 싶을 만큼 가혹한 순간이었다. 그때 내 마음에 떠오른 말씀이 있었다.

"환난은 인내를, 인내는 연단을, 연단은 소망을 이루느니라."

(로마서 5장 3절)

억울함과 분노를 그 말씀 위에 내려놓으며 버렸다. 광야처럼 춥고 떨리는 시간 속에서도, 하나님은 나를 잊지 않으셨다는 믿음이 있었다. 대기발령 기간 나 자신을 돌아보았다. 혹시 내 안에 교만이 자리 잡고 있었던 것은 아닌지, 지나친 자신감이 누군가에게 상처 주지 않았는지 등 겸손한 마음으로 나를 낮추어 점검했다.

자숙의 시간은 아프지만, 사람을 단단하게 다듬는 시간이다. 다행히 사장님은 나의 진정성을 알고 계셨다. 두 달이 지나 나를 다시 부르며 이렇게 말했다.

"이 본부장, 고생 많았어요. 얼마나 헌신적으로 일했는지 다 알고 있습니다. 징계받게 해서 미안해요. 앞으로 더 힘냅시다."

그 말은 그 어떤 명예 회복보다 큰 위로가 되었고, 다시 일어설 용기를 주기에 충분했다. 이후 나는 울산 본부장으로 발령받으며 명예를 회복했고, 감사실장과도 오해를 풀어 서로를 이해하는 관계로 나아갈 수 있었다.

리더의 판단이 감정에 휘둘리면 조직은 흔들릴 수밖에 없다. 실수와 고의는 분명히 구분되어야 한다. 열심히 일하다 생긴 실수까지 죄목으로 삼는 조직에서는 누구도 과감하게 일하려 하지 않는다. 결국 남는 것은 무사안일과 침묵뿐이다.

나는 억울한 징계를 받았지만, 중심을 잃지 않으려 애썼다. 감정이나 왜곡된 판단에 휘둘리기보다, 회사를 먼저 생각했다. 진정성은 언젠가 반드시 드러난다는 믿음, 그리고 하나님이 내 길을 아신다는 믿음이 나를 붙들어 주었다.

공이 과로 바뀌는 순간은 누구에게나 찾아올 수 있다. 어떤 이는 그 자리에서 무너지고, 어떤 이는 분노로 상황을 뒤집으려 한다. 그러나 시간이 흐르면 진정성은 드러나고, 명예는 회복되기 마련이다. 내가 걸어온 길은 그 사실을 분명히 증명해 주고 있다.

그래서 진짜 프로는, 공이 과로 바뀌는 순간 분노 대신 인내를 선택한다.

그 인내를 선택할 수 있는 사람에게는, 반드시 다시 소망의 문이 열린다.

질문 14 **당신이 잘하고도 욕먹을 때 어떤 반응을 취하나요?**

7. 적을 내 편으로 만드는 자존감

"약한 사람은 결코 용서하지 못한다.
용서는 강한 사람만이 할 수 있는
선택이다."

— 마하트마 간디(Mahatma Gandhi)

고등학교에 입학한 지 일주일도 채 되지 않았을 때다. 아직 반 친구들의 이름조차 제대로 외우지 못한 시기였다. 체육 수업을 마치고 운동장에서 땀을 흘린 채 교실로 들어가기 전, 친구들과 함께 세면대에 모여 얼굴과 팔에 묻은 땀을 씻고 있었다. 그 순간, 느닷없이 뒤통수에 강한 충격이 가해졌다. 누군가의 주먹이었다.

반사적으로 몸을 일으켜 뒤돌아보니 같은 반 친구가 이를 악문 채 나를 노려보고 있었다. 나 역시 순간 주먹이 올라가려다 간신히 멈추고, "왜?"라고 거칠게 물었다. 내가 물을 튀겼다는 이유를 댔다. 너무도 사소한 이유였다. 나는 한심하다는 듯 "그깟 물 몇 방울로 이렇게 흥분하냐? 참 옹졸한 놈이구나."라고 쏘아붙인 뒤, 더 이상 상대할 가치도 없다는 듯 등을 돌려 교실로 향했다.

가방을 열어 다음 수업 준비를 하던 찰나, 반 친구들이 일제히 "악!" 하는 외침이 들렸다. 뒤를 돌아보는 순간 의자 하나가 공중을 가르며 나를 향해 날아오고 있었다. 본능적으로 몸을 피했고, 의자는 칠판 아래 교탁에 나가떨어졌다. 마침 선생님이 교실로 들어오며 사태는 일단락되었다. 그러나 수업 내내 '조금만 늦었더라면…' 이라는 생각이 머릿속을 떠나지 않아 가슴이 쿵쾅거렸다.

수업이 끝나자 그 녀석은 곧바로 다가와 말했다. "수업 끝나고 체육관 뒤로 와라."

나도 물러서지 않고 "그러자."라고 답했다. 짝꿍인 찬관이가 다급히 말렸다.

"걔 클럽 애들이랑 어울리는 애야. 수업 끝나면 곧장 집으로 가."

그러나 피하는 것은 비굴함이라는 생각이 들었다. 두려움을 억누른 채 약속한 장소로 나갔다.

체육관 뒤에는 이미 열두세 명의 아이들이 동그랗게 서 있었다. 말이 오갈 틈도 없이 집단 폭행이 시작됐다. 수적 열세 앞에서 단 한 번의 반격도 할 수 없었다. 이리 차이고 저리 두들겨 맞으며 1시간 가까이 일방적으로 폭행당했다. 온몸에 성한 곳이라곤 없었다. 특히 얼굴은 부어오르고 터져 처참했다.

누님 집에서 지내고 있던 터라 문 앞에 서서 한동안 들어갈 용기가 나지 않았다. 문을 열자 누님은 내 얼굴을 보는 순간 그대로 얼어붙었다. 말없이 나를 붙잡고 한참을 울었다. 누님 가족들이 경찰에 신고하자며 나섰지만, 나는 "계단에서 굴러떨어져 그렇다."라는 믿기지 않는 변명으로 모두를 말렸다. 다음 날 수업에 들어오는 선생님마다 "왜 그러냐?"라고 물었지만 같은 변명만을 반복했다. 그러나 마음속에서는 이미 복수의 불씨가 타오르고 있었다.

얼굴의 부기가 어느 정도 가라앉자, 나는 합기도 도장을 찾았다. 목표는 분명했다. '복수할 힘을 기르자.' 그 생각 하나로 1년 동안 하루도 빠짐없이 도장을 찾았고, 결국 유단자가 되었다. 그 뒤 졸업할 때까지도 무술을 익히기 위한 수련은 계속되었다.

무술의 세계는 인생과 닮아 있었다. 10명이 시작하면 아홉은 중도에 포기한다. 고통을 견디며 끝까지 남은 단 1명만이 검은 띠를 허리에 맨다. 방학 중 한 달간 시골에 내려가 도장을 비운 적이 있었다. 방학이 끝나 복귀하자 사범은 "29일 결석했으니 29대 맞아야 한다."라며 엎드려뻗쳐 자세로 죽도로 29대를 때렸다. 엉덩이에 피멍이 들어 요즘 시대라면 사진을 찍어 경찰에 고소하고 난리가 날 법도 하다. 하지만 그때는 참고 견디어야 체육관을 계속 다닐 수 있었다.

복수의 대상이 은혜의 대상으로 바뀔 때

이러한 고통을 견디어 냈기에 지금의 내가 존재한다고 믿고 있다.

합기도 유단자가 된다는 것은 단지 몸을 지킬 수 있게 되었다는 의미만은 아니었다. 방권법으로 주먹을 막고, 방검술로 칼을 제압하고, 봉술로 여러 명을 상대하며, 쌍절권까지 익히는 과정에서 마음도 함께 단련되었다. 어느새 사람을 포용할 수 있는 마음의 근육이 생기기 시작했다.

그리고 어느 정도 경지에 이르자 문득 이런 생각이 들었다.

'지금 복수한다면, 그건 대학생이 유치원생을 때리는 꼴이 아닐까.'

무력을 통한 복수는 낮은 차원의 보복이다. **복수에 집착하는 순간, 나는 오히려 옹졸한 사람이 된다**는 사실을 깨달았다. 사건 이후 3년 동안 그와 단 한마디도 나누지 않지만 용서하기로 마음을 굳혔다.

졸업식 날, 나는 먼저 다가가 손을 내밀었다.

"졸업 축하한다. 우리 서로 밝은 미래를 펼쳐나가자." 용서는 가장 높은 차원의 보복이었다. 나를 이렇게 단련된 사람으로 만든 계기가 저 친구였다. 비록 복수의 대상이었던 그가 나를 성장시킨 은인이라는 것을 깨달았다.

백두산 정상에 떨어진 빗방울이 어느 방향으로 흐르느냐에 따라 압록강으로 갈 수도, 두만강으로 갈 수도 있다. 인생도 마찬가지다. 같은 사건이라도 어떤 마음으로 받아들이느냐에 따라 삶의 방향은 전혀 달라진다.

그 사건을 끝까지 '복수할 이유'로만 품었다면 내 인생은 좁아지고 어두워졌을 것이다. 그러나 '나를 단련시킨 은혜'로 받아들이자, 원수는 성장의 밑거름이 되었다. 생각이 바뀌니 마음이 넓어졌고, 마음이 넓어지자 복수는 하찮은 일이 되어 버렸다.

합기도는 싸우는 기술이 아니라, 용서할 용기를 가르쳐 주었다.

살다 보면 누구나 억울함과 분노의 순간을 만난다. 그때 악을 악으로 갚으면 자신을 더 작은 사람으로 만들 뿐이다. 예수님께서 "오른쪽 뺨을 맞으면 왼뺨도 돌려대라."라고 하신 말씀은 비굴해지라는 뜻이 아니다. 악을 선으로 이길 때 비로소 승리자가 된다는 뜻이다.

정치도, 회사도 마찬가지다. 정권이 바뀔 때마다 정치 보복이 반복되고, 사장이 바뀔 때마다 전임자의 사람을 쳐내는 일은 조직의 품격을 스스로 깎아 먹는 행위다. 영원한 적도, 영원한 아군도 없다. 어제의 적이 오늘의 친구가 될 수 있다. 관계의 크기를 결정하는 것은 결국 마음의 넓이다.

마음을 넓히면 세상의 많은 사람이 내 편이 된다. 그러나 마음을 좁히면, 결국 내 곁에 남는 사람은 아무도 없다. 복잡한 시대일수록 삶의 원칙은 단순해야 한다.

'내가 만나는 모든 사람은, 잠재적인 내 편이다.'

살아가다 보면 원수가 생길 수도 있고, 억울한 일을 당할 수도 있다. 그러나 그때 분노를 넘어 용서를 선택하는 사람, 그 사람이 진정한 승리자다. 복수는 순간의 쾌감이지만, 용서는 인생 전체를 바꾼다. 원수를 친구로 바꾸는 힘은 자존감에서 나온다. 넓은 마음에는 긍정의 에너지가 흐른다. 적마저도 내 편으로 만드는 사람, 그런 사람이 결국 세상을 밝히는 사람이다.

질문 15   **억울한 일을 당했는데 오히려 나를 성장 발전시킨 일이 있나요?**

8. 용서는 비굴함인가 용기인가?

용서란 무엇인가.

그것은 나에게 상처를 준 사람을 무조건 이해하거나 합리화하는 일이 아니다.

내 안에 쌓여 있던 분노와 원망을 내려놓겠다는 결단이며, 과거의 상처가 오늘의 나를 지배하지 못하게 하겠다는 의지의 선언이다.

우리는 상처를 받으면 미움과 분노를 차곡차곡 쌓아 올린다.

그러나 그 감정의 감옥에 갇히는 순간, 정작 고통받는 쪽은 상대가 아니라 나 자신이다.

용서는 상대를 풀어주는 행위처럼 보이지만, 사실은 **나를 자유롭게 하는 가장 적극적인 선택**이다.

비굴해서 하는 행동이 아니라, 감정을 다스릴 수 있는 사람만이 감행할 수 있는 강력한 자기 통제다.

결국 용서는 감정적으로 성숙한 사람만이 선택할 수 있는 도전이며, 용기이며, 결단이다.

2017년 9월 초, '토론토 국제영화제(TIFF)'에 참석하기 위해 캐나다 토론토를 방문했다.

영화제에 출품된 작품들 가운데 의미 있는 영화를 골라 수입하기 위해 각국의 바이어들을 만나야 했다. 그 과정에서 통역이 필요했다. 그러나 김일억 본부장과 나는 통역사 없이 출장을 떠났다.

마침 '찾아가는 영화관 프로젝트'에서 공감 토크로 함께했던 배우 임혜진 씨에게 도움을 청했다. 캐나다에 오래 거주한 그에게 통역을 맡아줄 사람이 있는지 부탁한 것이다. 다행히 토론토대학교에 재학 중인 학생 1명을 소개받을 수 있었다. 덕분에 언어의 장벽 없이 바이어들과 원활히 소통하며 영화제 일정을 소화할 수 있었다.

김일억 국장과 나는 여러 편의 영화를 번갈아 가며 관람했고, 시간을 내어 토론토 시내와 아일랜드 파크, 나이아가라 폭포도 둘러보았다. 청명한 날씨, 깨끗한 환경, 풍부한 자원과 관광 인프라를 보며 감탄하지 않을 수 없었다. 공장 굴뚝 없이도 풍요를 누릴 수 있는 천혜의 땅인 이곳에 사는 사람들은 얼마나 행복할까 생각이 들었다. 하지만 곧 깨달았다. 아무리 환경이 좋아 보여도, 인간의 아픔과 갈등은 어느 곳에나 존재한다는 사실을.

토론토로 이민 가 30년 넘게 살아온 정성모라는 친구가 있다.

내가 토론토에 왔다가 자신을 만나지 않고 돌아갔다는 사실에 그는 몹시 섭섭해하기도 했다. 이와는 상관없이 어느 날 그가 이렇게 문자를 보내왔다.

"한 해를 정리하는데 인내에 대한 연단을 받고, 연약한 믿음만 드러나 마음이 언짢으나 병 되는 것보다 나으리."

처음에는 그 뜻을 정확히 이해하지 못했다. 위로의 말을 건넸지만, 대화가 엇나가고 있음을 곧 깨달았다. 다시 온 메시지를 통해서야 친구의 진짜 고민을 알게 되었다.

그는 자신에게 큰 빚을 진 사람이 은혜를 저버리고 오히려 야속하게 군다고 했다. 믿음으로 이겨내고 용서하려 했지만, 채무자는 친구의 마음을 계속해서 긁어댔다. 참다 참다 친구가 폭발했다. 그 뒤, 친구는 자신 내면에 쌓여 있던 분노를 보고 깜짝 놀랐다고 했다.

믿음이 깊고 신실한 친구조차도 용서 앞에서는 흔들리고 있었다.

그는 자신이 약해 보이니까 상대가 더 무례하게 나오는 것 같다며 **"자신의 용서가 혹시 비굴함은 아닌지 내게 자문하게 되었다."**라고 했다.

그 마음이 낯설지 않았다.

나 역시 비슷한 경험을 했기 때문이다.

내게 돈을 빌려 간 사람은 미안함은커녕, 오히려 더 큰소리를 쳤다. 은행 이자와 원금을 갚느라 힘들게 살아간다는 걸 뻔히 알면서도 추가로 돈을 빌려달라고 했다. 양심이라곤 찾아볼 수 없었지만, 6촌 형이라는 이유로 쉽게 등을 돌릴 수도 없었다.

채무자가 채권자를 괴롭히는 상황에서 용서를 선택하려 해도, 그 용서가 비굴하게 느껴질 때가 있었다.

끝까지 돈을 받아내고 싶은 욕심과 돈을 포기하고 그만 내려놓고 싶은 마음, 이 두 가지가 끊임없이 충돌했다. 결국 그 갈등은 상대가 아니라 내 마음을 구속하고 있었다.

용서는 비굴함이 아니라
강한 사람이 할 수 있는 특권이다

베드로가 예수님께 "몇 번이나 용서해야 합니까?"라고 묻자, 예수님은 "일곱 번을 일흔 번이라도 용서하라."라고 답하셨다. 그 말씀 앞에서 나는 스스로가 부끄러워졌다.

'일곱 번도 아닌 한 번의 용서마저 못 하는 이 옹졸한 그릇으로 내가 무슨 일을 할 수 있단 말인가.'

'만약 내게 더 큰 사명이 주어진다면, 이 작은 마음으로 무엇을 담을 수 있겠는가.'

또 나를 여기까지 이끈 롤모델 갈렙을 떠올렸다.

대범함의 상징인 그는 속 좁은 나를 보고 뭐라 했을까. 그 생각만으로도 얼굴이 화끈거렸다.

용서를 위해 나는 차용증서를 태워버려야 하겠다고 마음먹었다. 그것만이 완전한 포기의 시작이라고 생각했기 때문이다. 그러나 마음은 쉽게 자유로워지지 않았다. 시간이 지나고 생각을 반복해서 내려놓는 연습을 하며 조금씩 정리가 되었다. 계약서를 태운 순간, 돈이라는 구속에서 벗어날 수 있었다.

그리고 마침내 상대를 위한 기도까지 하게 되었다.

다시는 남을 속이지 않고 정직하게 살기를 바라며 그를 위해 기도했다.

용서는 단번에 완성되지 않는다. 이미 용서했음에도 마음속에서 계속 흔들릴 수 있다.

그러나 분명한 것은, **용서는 나를 묶고 있던 사슬을 끊는 방향**이라는 사실이다.

이 아픔이 나만의 것은 아니다. 남과 북, 동과 서, 보수와 진보로 갈라진 이 땅의 모든 이들이 겪는 고통이다. 그래서 "일흔 번씩 일곱 번이라도 용서하라."라는 명령은,

이 시대를 살아가는 우리에게 주어진 가장 값진 선물이라 믿는다.

용서는 비굴함이 아니다. 용서는 강한 사람의 선택이며, 자유를 향한 결단이다.

감정을 다스릴 수 있는 사람만이 용서를 선택할 수 있고,

그 용서를 통해 상대를 풀어주는 동시에 자기 자신을 참된 자유인으로 만든다.

오늘, 마음속에 맺힌 응어리를 하나 내려놓아 보자.

그 순간 깨닫게 될 것이다.

용서는 세상을 바꾸는 힘이 아니라, **먼저 나를 살리는 힘**임을.

질문 16   은혜를 원수로 갚은 사람까지도 용서해 준 적이 있나요?

제 3 장

실패해도 괜찮아, 다시 도전하면 되니까

1. 도전하는 인생이 아름답다

한국통신에서 약 3년, CBS에서 약 33년.

모두 36년 동안 앞만 보고 달려왔다. 정년 퇴임을 앞두고 후련함과 아쉬움이 동시에 밀려왔다. 이제는 잠시 쉬어도 되지 않을까 싶었지만, 현실은 그렇게 녹록하지 않았다. 봉급 생활자라는 게 대부분 그달 벌어 그달 쓰는 삶이다. 모아둔 자산도 넉넉하지 않았고, 연금은 2년 뒤에야 지급된다. 쉬고 싶었지만, 쉬는 순간 생계에 대한 불안이 따라붙었다.

다행히 그동안 냈던 고용보험 덕분에 9개월간 실업급여를 받을 수 있었다. 당장 굶지는 않겠다는 안도감에 잠시 마음이 가벼워졌다. 그러나 그 평온은 오래가지 않았다. 하필 그 시기에 CBS 사장 선거가 다가왔기 때문이다. 후배들은 나를 볼 때마다 "선배, 이번에 사장 출마 안 하십니까?"라며 연신 등을 떠밀었다.

"아직 준비가 안 됐다."라고 말하면, "지방방송 대표를 세 번이나 했는데 무슨 준비가 더 필요합니까?"라며 되레 핀잔을 주었다.

후배들의 성화에 결국 이렇게 말했다.

"기도해 보고, 매출을 획기적으로 올릴 대안을 찾을 수 있다면 그때 출마를 고민해 보겠다."

그날 이후 나는 사장이 갖춰야 할 덕목과 경영 노하우를 다시 공부하기 시작했다. 경영과 리더십 관련 책을 밤새워 읽고, 새벽녘이 되어서야 블로그에 글을 올린 뒤 잠자리에 들었다. 이 과정에서 울산에서 함께 근무했던 김유리 아나운서에게 조언을 들어야 할 때도 있었다. "선배, 내용은 너무너무 좋고 배울 점이 많은데 제발 잠자는 시간에 올리지 마세요." 밤을 새워 책 읽고 그 내용을 블로그에 정리하다 보니 시간 개념이 없어졌다. 잠든 시간에 카톡을 보내며 수많은 지인에게 피해를 준 것이다. 시간 개념 없는 나를 일깨워 준 김유리 아나운서가 고마웠다.

밤새고 나면 자연스레 새벽녘이 되어 날마다 새벽 기도를 드렸다. 'CBS를 반석 위에 세울 수 있는 새로운 경영의 길을 보여 달라.' 이왕 사장을 맡는다면 대충하고 싶지 않았다. 4년 임기 동안 매출은 최소 두 배, 직원 임금도 두 배 이상 올려야 했다. 더 이상 영향력 없는 마이너 방송으로 머물고 싶지 않아, 메이저 방송으로 도약할 최소한의 토대는 만들어야 했다.

아무런 **대안 없이 출마하는 것**은 개인의 욕망일 뿐이며, 그것은 죄악을 저지르는 일이라 생각했다. 무능한 사장 때문에 직원들이 월급도 제때 못 받던 노조위원장 시절의 기억이 생생했기 때문이다. 준비되지 않은 사람은 절대 출마해서는 안 된다는 신념이 확고했다.

무능한 리더는 창의력과 혁신을 두려워한다

지금까지 해오던 방식으로는 CBS가 마이너 방송의 한계를 벗어날 수 없다고 판단했다. 정보가 폭포처럼 쏟아지는 시대, 영향력 없는 언론은 존재감조차 유지하기 어렵다. 자본주의 사회에서 살아남으려면 결국 매출이 뒷받침되어야 한다. 지방방송 대표로 있으면서 매출을 끌어올린 경험은 있었지만, 그것만으로는 부족했다. 전혀 다른 차원의 혁신이 필요했다.

그래서 기도했다. "하나님, 지금 CBS는 제자리걸음을 하고 있습니다. 제자리걸음은 곧 후퇴입니다. 지금까지의 방식이 아닌, 전혀 새로운 길을 열어주십시오." 그러나 아무런 응답을 받지 못했다.

나는 '출마하지 말라'라는 뜻으로 받아들이고, 마음속으로 사장 출마를 접었다.

그날, 뜻밖의 만남이 찾아왔다. 박영선 서울시장 선거운동 때 인연이 닿았던 김예균 씨가 연락을 해왔다. 그는 스마트팜 공장을 짓고 있는 현장으로 나를 초대했다. 식사 자리에서 그는 **스마트팜이 빅데이터, 인공 지능, 사물 인터넷이 결합한 첨단 식물 공장**이라는 사실을 들려주었다. 그때는 솔직히 큰 관심이 가지 않았다. 언론사인 CBS와 농업은 쉽게 연결되지 않았기 때문이다. 하지만 마음 한구석에 남은 여운이 있어 스마트팜 관련 책을 사서 읽어보았다. 그 뒤 생각이 바뀌었다. 1차산업의 농사가 아니라, 산업 혁명에 가까운 미래 산업이었다. 구글을 비롯한 세계 유수의 기업들이 이미 뛰어들고 있는 분야였다.

'이거다.'

CBS가 언론사 가운데 가장 먼저 도전해야 할 사업이라는 확신이 들었다. 마이너리그에서 메이저리그로 도약할 기회를 하나님이 주셨다고 느꼈다. 이후 마곡지구 스마트팜 현장을 직접 찾아갔다. 그곳에서 생산된 제품과 응용 사업들을 꼼꼼히 확인했다. 스마트팜은 친환경적이면서도 미래 먹거리였고, 기후 온난화에 대비한 미래 혁명 산업이었다. CBS의 매출 구조를 근본적으로 바꿀 가능성을 품고 있었다. 강인석 국장과 정해룡 국장이 제안한 구독사업과 실버사업, 그리고 SM 정치경제연구소 신상민 대표가 제안한 대마 재배사업에서 찾을 수 있었다. 대마는 환자 치료용 약용과 미용 재료

로 활용되어 엄청난 부가가치 창출로 CBS 꿈을 이룰 자신이 있었
다. 이 모든 사업을 CBS 청취자와 후원회원까지 하나의 네트워크
로 묶는다면, 임기 내 매출 두 배는 결코 꿈이 아니었다. 결국 사장
선거 출마를 결심했다.

선거운동 기간 전국을 돌며 목사님들을 만나 비전을 설명했다.
그러나 현실의 벽은 높았다. 스마트팜을 '농사'로만 이해하는 시각,
추천위원의 기울어진 운동장 구조, 미래 사업에 대한 거리감 등등.
결국 나는 사장 선거에서 고배를 마셨다. 모든 것이 나의 부족함 때
문이었다.

결과 앞에서 고개를 숙일 수밖에 없었다. 그러나 하나님께 감사
했다. 이 도전을 통해 얻은 것이 너무 많았기 때문이다. 우리는 흔
히 성공만을 목표로 삼지만, 성공보다 더 중요한 것은 **신념을 따라
끝까지 도전했느냐**는 질문이다. 나는 대답할 수 있다. 비록 실패했
지만, 끝까지 신념을 지키며 도전했기에 나 자신이 떳떳하고 자랑
스럽다고.

누구나 언제든 인생의 갈림길에 설 때가 있다. 안전한 길을 택할
수도 있고, 무모해 보이는 길을 택할 수도 있다. 모든 길이 성공을
보장하지는 않는다. 그렇다고 시도조차 하지 않는다면 평생 후회로
남을 것이다. 실패했지만 도전했기에 누구든 당당할 수 있다.

사장 선거에 떨어졌지만, 시도조차 하지 않는 삶보다 훨씬 값진 시간을 보냈다고 자부한다.

도전하는 인생은 언제나 당당하고 아름답다.

앞으로도 나는 실패를 두려워하지 않고 언제든 도전하는 삶을 선택할 것이다.

질문 17 도전해서 실패하면 얻은 게 하나도 없다고 생각하나요?

2. 낙선의 쓴맛, 새로운 길로 끌어내다

인생에도 음식처럼 여러 가지 맛이 있다. 단맛이 있는가 하면 쓴맛도 있다. 살아오며 그 모든 맛을 경험했다. 대학 입학시험과 회사 입사 시험에서의 낙방 등 수많은 쓰라림을 맛봐야 했다. 그러나 그 쓴맛에 굴하지 않고 다시 도전해서 합격 통지를 받았을 때의 그 달콤한 맛은 이루 말로 다 표현할 수 없었다.

CBS에서 퇴임한 지 6개월이 지난 뒤, 사장 선거가 있었다. 언론사 사장이라는 자리는 아무나 맡을 수 있는 자리가 아니다. 그렇다고 감히 꿈꿀 수 없는 자리도 아니라고 생각했다. 그렇게 출마를 결심했지만, 결과는 낙선이었다. 그날의 쓴맛은 지금까지 살아오며 경험한 실패 중에서도 전혀 색다른 쓴맛이었다.

변화를 이끌 확실한 대안이 없다면
책임 있는 자리를 탐내지 말아야 한다

사장 출마는 개인적 욕망에서 비롯된 선택이 아니었다. 그것은 내가 원해서라기보다, 하나님이 내게 맡기신 사명이라 믿었기 때문이다. 33년간 몸담으며 받은 은혜와 감사에 대한 마지막 책임이라 여겼다.

본사 관리국을 비롯해 전남, 울산, 전북본부에서 대표를 맡으며 경영의 기본과 일선 현장에서 겪는 어려움 등을 두루 경험했다. 그 시간 동안 쌓은 경험과 아이디어를 토대로, CBS에 새로운 비전과 방향을 제시하고 싶었다. 그러나 당시 국내 방송과 언론 환경은 녹록지 않았다. 방송사만 100개가 넘고 언론사는 2만 개가 넘어 포화 상태에 이르렀다. 더욱이 2020년 기준 우리나라 광고 전체 규모는 14조 원대에서 머물며, 공중파 방송 광고는 지속적인 감소세에 있었다. 이런 구조 속에서 기존 방식만으로 CBS의 성장과 발전을 기대하기는 현실적으로 어려웠다. 새로운 돌파구가 없다면 사장 도전은 명분 없는 욕심에 불과하다고 나 자신을 다독였다.

그때 하나님이 주신 영감이 있었다. CBS가 행주대교 인근에 보유한 1만 6천 평 부지를 활용해 스마트팜 사업을 추진하려는 구상이었다. 스마트팜은 전통적인 농사가 아니라 AI와 데이터로 운영

되는 4차 산업이다. 실제로 구글이나 마이크로소프트, 아마존 같은 글로벌 IT 기업들이 이미 이 분야에 뛰어들고 있었다. 방송 산업과 달리 스마트팜은 매년 두 자릿수 성장을 이어가고 있었다. CBS가 광고에만 의존하는 구조에서 벗어날 수 있는 현실적인 대안이라고 판단했다.

그러나 선거인단은 이 비전을 이해하지 못했다. 보수적인 시각에서 스마트팜을 단순한 농사로만 인식했다. 그보다 방송사가 왜 농업을 하느냐는 질문으로 선거인단에 반감만 샀다. 돌아보면, 선거운동 기간 나의 능력 부족이 그들을 설득하는 데 실패하고 말았다. 그런데도 CBS가 한 단계 도약할 수 있는 좋은 기회를 내가 망친 것은 아닐까? 라는 의문도 들었다. 어쨌든, 하나님이 주신 영감을 나의 설득 부족으로 CBS가 도약할 기회를 상실한 것 같아 자책하는 마음으로 무거웠다.

이처럼 낙선의 아픔이 나 혼자만의 좌절이었다면 이토록 무겁지는 않았을 것이다. 그것은 CBS 전체의 미래와 연결된 문제였기 때문이다. 시간이 지나며 나는 다른 해석에 이르렀다. **아직 때가 이르지 않았기에 하나님은 허락하지 않았다.** 또 그동안 쉼 없이 달려온 내 삶에 잠시 멈춤을 주기 위한 배려였을지도 모른다는 생각이 들었다. 그렇다. 하나님의 시간은 분명 우리의 시간과 다르다. 내가 노조위원장 시절 당장 개혁이 이루어지기를 원했지만, 하나님은 그로부터 몇 년이 흐른 뒤에야 '직원 사장 제도'를 허락하고 시행토록 했다. 내가 사장이 되어 시행하고자 하는 정책들은 CBS는 아직 받아들일 준비가 되어 있지 않았다. 결국 나는 집착을 내려놓았다. 이제 CBS의 미래는 남아있는 이들의 몫으로 남기고, 나의 길을 가기로 마음먹었다.

CBS를 떠나 새로운 길로 나아가는 데는 용기가 필요했다. 매일 이력서를 작성해 여러 회사에 지원했지만, 쉽게 문은 열리지 않았다. 그럴수록 포기하지 않고 하루에 한 곳씩 꾸준히 문을 두드렸다. 9개월의 실업급여가 끝나갈 즈음, 세영엔지니어링에 입사하게 되었고 아산의 한 신축 아파트 건설 현장에서 감리 업무를 맡게 되었다.

처음 마주하는 낯선 현장이었다. 새로운 업무라 아는 게 하나도 없어 두려움도 컸다. 더욱이 업무에 대해 문의할 사람이 주변에 아무도 없었다. 새로운 환경에 적응하기 위해 감리 실무서 책을 손에서 놓지 않고 이론과 현장을 함께 익혀나갔다. 불안에서 벗어나기 위해 주말에도 서울 집에 가지 않고 실무 책과 함께 아산에서 시간을 보냈다. 예상보다 빠르게 일에 적응할 수 있었다. 그 결과 마음이 한결 가벼워졌다. 특히 직원들을 먹여 살릴 매출과 인건비를 걱정하지 않아도 되었다. 과도한 경쟁 구도와 책임감에서 오는 스트레스가 크게 줄어들어 해방감을 얻었다.

도전의 실패는 멈춤이 아니라
또 다른 기회를 찾으라는 엄중한 명령이다

언론사 사장 선거에서의 실패는 나를 한동안 방황하게 했지만, 결국 다른 해답으로 이끌었다. 방송국이 아닌 건설 현장에서, 철근과 콘크리트가 쌓여 올라가는 과정을 지켜보며 또 다른 성취감을 느끼고 있다. 사장 도전은 사명감에서 비롯된 선택이었기에 후회는 없다. 다만 낙선 이후에도 아쉬움을 감추지 못하며 그 자리에 매달렸던 마음은 집착이었음을 인정한다.

감리는 결코 단순한 일이 아니다. 설계도를 기준으로 매일 공정을 점검하고, 작은 실수 하나가 큰 사고로 이어질 수 있어 늘 긴장해야 한다. 방송 사고와 건설 사고는 차원이 다르다. 건설 현장에서는 한순간의 방심이 인명 사고로 이어질 수밖에 없다. 나는 누구보다 먼저 안전모를 쓰고 안전 장구를 착용하며 모범을 보인다.

낙선은 내게 실패라는 이름표를 붙였다. 그러나 그 **실패가 나를 멈추게 하지는 못했다**. 오히려 새로운 길로 이끌었고, 땀 냄새 나는 현장에서 또 다른 삶의 의미를 발견하게 했다. 실패 이후 나는 오히려 더 자유로워졌고, 내 삶에 충실해졌다.

하늘은 때로 우리를 실패하게 내버려둔다. 그것은 끝내라는 뜻이 아니다. 다른 방향으로 가보라는 신호다. 실패는 사방이 단단한 벽으로 막혀 있는 밀폐된 공간이 아니다. 어느 곳이든 출구는 있다. 한쪽 문이 닫히면 다른 쪽 문은 반드시 열린다. 실패 뒤 중요한 것은 낙담하지 않고, 그 문을 다시 열고 나아갈 용기다. 아산에서 처음 겪어보는 아파트 공사 현장 일이었지만 준공 때까지 안전하게 잘 마쳤다. 이후 대평엔지니어링에 입사하여 경기도 광주에서 광주시청 건물 공사 임무를 마쳤다. 그리고 또 다른 건설 현장인 경기도 양평군에서 발주하는 신축 공사 감리 일을 준비하고 있다. 지금은 시시각각 변화하는 시대다. 새로운 일에 두려워해서는 살아남기 힘든 세상이다. 그래서 나는 여전히 두려움을 떨치고 새로운 일에 도전하며 살아가고 있다.

질문 18   **도전의 쓴맛은 끝인가요, 새로운 기회인가요?**

3. 수감자의 눈물과 스크린 너머의 기적

2015년 6월, 울산본부장 임무를 마치고 TV 본부로 발령받았다. 시네마국에서 영화 홍보 업무를 맡으며, 단순한 홍보를 넘어 영화를 통해 사람을 만나는 일을 고민하기 시작했다. 그 고민은 곧 '찾아가는 영화관 프로젝트'로 이어졌다. 김일억 국장과 짝을 이뤄 전국의 교도소를 하나도 빠짐없이 찾아다녔다. 수감자들을 직접 만나 영화를 상영하고, 유명 강사를 초청해 공감 토크를 나누는 교화 목적의 봉사 활동이었다.

영화 상영이 끝나면 설문지와 영화 감상문을 받았다. 더 나은 내용으로 다시 찾아가기 위해서였다. 수감자들이 써낸 감상문을 하나하나 읽어 내려가는 과정은 그리 쉽지 않았다. 문장마다 묻어나는 후회와 그리움, 뒤늦은 반성이 내 마음을 파고들었다. 감상문을 읽

다가 공감하는 눈물이 감상문 위로 떨어졌고, 나는 몇 번이나 읽기를 멈추고 눈물을 닦아내야만 했다.

특히 LA에 주소를 두고 있던 한 여성 재소자의 감상문은 오래도록 기억에 남는다. 그녀는 7년째 수감 중이었고, 재판 결과에 대해 억울함과 분노로 하루하루를 버티고 있었다. 자신이 왜 이곳에 있어야 하는지 받아들이지 못했다. 따라서 단 한 번도 반성은커녕 진심으로 자신을 돌아본 적이 없다고 했다. 그런 그녀의 마음이 영화 한 편 앞에서 무너졌다. 스크린 속에 펼쳐진 가족애가 가슴 깊은 곳을 건드렸고, 그동안 억눌러왔던 그리움이 눈물로 터져 나왔다고 했다. 가족에 대한 미안한 마음이 불덩이처럼 솟아올라 와 영화 보는 내내 울음을 참지 못해 소리 내어 울었다. 그것은 수감 이후 처음으로 반성하며 흘린 진실의 눈물이었다. 감상문 말미에는 이렇게 적혀 있었다.

"이제는 다르게 살고 싶습니다. 모범적으로 생활해 하루라도 빨리 교도소 밖 세상으로 나가서 새로운 삶을 시작하겠습니다."

처음 그들을 만났을 때 솔직히 경계하는 눈초리로 바라봤다. 어쩜 많은 사람이 수감자를 나와 같은 생각으로 대할지 모르겠다. 그러나 함께하는 시간이 쌓일수록 그들도 나와 다르지 않은 이웃이자 형제자매라는 사실을 알게 되었다. 감상문을 읽으며 나는 영화 한

편이 만들어 내는 기적을 수없이 목격했다. 누군가의 죄를 뉘우치게 해서 지금까지의 삶을 무너뜨려 삶의 방향을 바꾸는 힘이 영화 안에 존재한다는 사실이 놀라웠다. CBS가 영화 제작과 배급에 힘쓰는 이유가 여기에 있었다. 영화는 단순한 콘텐츠가 아니라, 사람의 마음을 움직이게 하는 최고의 멘토였다.

'찾아가는 영화관 프로젝트'는 수감자들뿐 아니라 나 자신도 변화시켰다. 나는 무의식중에 나보다 약해 보이는 사람을 함부로 판단하고 대했던 적이 있었다. 그러나 감상문을 읽으며 그런 내 모습이 그대로 비추어졌다. 말과 행동 하나가 누군가에게 상처가 될 수 있음을 깨달았다. 언론사 직원이라는 이름 뒤에 숨어 있던 나의 거만함은 서서히 내려앉았고, 사람을 대하는 태도는 한결 낮아졌다. 이 프로젝트는 그들에게는 교화의 시간이었고, 나에게는 성찰의 시간이었다.

물론 이 일이 처음부터 순조로웠던 것은 아니다. 프로젝트를 결심한 뒤 김일억 본부장과 나는 정부과천청사의 법무부를 수없이 드나들었다. 허가는 쉽게 나지 않았고, 매번 빈손으로 돌아오기도 했다. 그러나 포기하지 않았다. 마침 교정본부장이 바뀌면서 막혀 있던 문이 조금씩 열리기 시작했다. 특히 소년원 업무를 담당하던 범죄예방정책국의 윤용범 서기관의 도움이 컸다. 그는 퇴직 후에도 아이들을 돌보는 일에 헌신할 만큼 진심 어린 사람이었다.

만약 그 과정에서 포기했다면, 7년 동안 굳게 닫혀 있던 마음이 열리는 장면을 보지 못했을 것이다. 끈질긴 도전이 결국 수감자들의 변화를 끌어냈다.

기적은 특별한 일이 아니라
언제 어디서든 일어난다

영화 상영 현장을 준비하며 겪은 일 가운데 지금도 잊지 못할 아찔했던 순간이 있다. 어느 교도소 강당에서 수백 명의 재소자가 숨죽여 영화를 기다리고 있었다. 무대 위에 올라 인사말을 마치고 영화 시작 신호를 보내고 내려왔다. 그때 영화 상영을 위해 콘솔 앞에 앉아 있던 최진환 팀장이 급히 손짓하며 문제가 생겼다는 신호를 보냈다. 오늘 상영할 영화 파일이 없다고 했다. 영화 상영 최종 책임자인 나로서는 순간 가슴이 덜컹 내려앉았다. 하필이면 함께 책임을 맡은 김일억 본부장이 휴가로 자리를 비울 때라 더 암담했다.

이 사업을 처음 시작할 때 교도소에서 상영할 여러 영화를 USB에 저장해 두었다. 영화 내용을 미리 파악하고자, 사무실과 집에서 컴퓨터로 영화를 미리 보기 위해서다. '임금님의 사건 수첩'도 봤던 기억이 떠올랐다. USB 용량 공간 확보를 위해 미리 보았던 영화 파일은 지웠다. 오늘 상영될 영화는 보고 지웠는지 그대로 두었는지 알쏭달쏭했다. 영화 상영을 기다리고 있는 교도소장과 교도관

그리고 수백 명의 수감자를 향해 잠깐만 기다리라고 했다.

교도관 1명과 함께 강당을 빠져나와 여러 철문을 지나 교도소 입구 물품 보관함으로 달려갔다. 교도소에 들어가면 보안상 스마트폰을 보관함에 두고 들어가야 했기 때문이다. 스마트폰에 매달린 USB를 꺼냈다. 신속히 강당으로 돌아와 노트북에 꽂고 파일을 확인하는데 가슴이 두근거리고 긴장감이 최고조에 달했다. 저장됐던 수많은 영화가 모두 지워지고 없는데 '임금님의 사건 수첩' 파일만 유일하게 남아있었다. 기적 같은 순간이었다. 왜 그 파일만 지우지 않고 남아있었는지는 지금도 설명할 수 없다. 나는 이 프로젝트가 처음부터 끝까지 우리의 힘만으로 된 일이 아니었다고 믿는다.

"두려워하지 말라. 내가 너와 함께함이라."라는 성경 말씀처럼, 보이지 않는 손길이 함께하고 있었음을 느꼈다.

'찾아가는 영화관 프로젝트'는 영화를 공짜로 보여주고 모두를 만족하게 하는 그런 단순한 사업이 아니었다. 문화에서 소외된 이들을 찾아가 함께 웃고 울며 같이 공감하고 같은 이야기를 나누는 일이었다. 처음에는 경계로 가득하던 눈빛이 영화 상영이 지속될수록 달라졌다. 조용한 강당에 흐느낌이 번져나갔다. 같은 시간 같은 공간에서 우리는 같은 감정을 공유하고 있었다.

그 눈물은 후회의 눈물이자 공감의 눈물이었고, 동시에 희망의 눈물이었다. 나는 확신하게 되었다. 영화는 사람을 변화시킬 수 있다. 그 기적은 특별한 일이 아니라 우리가 진심으로 다가갈 때 언제든 일어날 수 있는 평범한 일이다.

기적은 거창한 사건이 아니다. 작은 관심과 이해, 자신만의 판단 대신, 공감하려는 마음에서 시작된다. 우리는 모두 누군가의 삶을 바꿀 수 있는 이야기를 품고 있다. 그 이야기를 건네는 용기, 그것이 바로 기적의 출발점이다.

질문 19 선입견 때문에 누군가를 잘못 판단하고 오해하지는 않았는가?

4. 실패를 견딜 때, 두려움은 힘을 잃는다

2018년 6월, 전북 CBS 대표로 발령받았다. 경영 최고 책임자로서 가장 먼저 한 일은 회사의 재정 구조를 면밀하게 살피는 일이었다. 전북에 기반을 둔 기업 가운데 재계 순위 30위권에 드는 '하림그룹'이 단연 최대 광고주였다. 광고 공사 수입의 절반 가까이가 '하림그룹'에서 나왔고, 전북 CBS의 경영은 하림그룹을 빼고는 설명할 수 없을 정도였다. 내가 가장 먼저 해야 할 일은 분명했다. 광고주 관리 차원에서 김홍국 회장을 직접 찾아뵙는 것이었다.

김 회장은 주로 서울에서 활동하며, 일주일에 한 번 정도 익산 사무실에 머문다는 정보를 접하고 시기를 저울질하던 중이었다. 그때 마침 광주 김대중컨벤션센터에서 열린 한국기독실업인회(CBMC)

한국대회가 열리고 있었다. 김 회장이 여기에서 '기업인의 소명과 축복'이라는 주제로 강연한다는 정보를 들을 수 있었다. 기회를 놓칠 수 없어 곧장 광주로 향했다. 그 자리에서 김 회장을 처음 만났다.

그동안 전북 CBS를 위해 보내준 도움에 감사 인사를 전했다. 김 회장은 굳이 찾아오지 않아도 되는데 바쁜 본부장이 여기까지 와줘 미안하다며 따뜻하게 화답했다. 이어 앞으로도 전북 CBS 발전을 위해 힘쓰겠다는 말까지 덧붙였다. 내가 찾아온 이유를 정확히 읽고 배려하는 분이라는 인상을 받았다.

화려한 성공 뒤에는 반드시
고난과 고통이 숨겨져 있다

며칠 뒤, 신현호 화백이 내게 선물한 '닭' 그림 한 점을 정성껏 포장했다. 도상진 보도국장과 함께 익산 사무실로 찾아갔다. 그곳에는 익산시청 출입 기자인 김은태 국장이 먼저 와 있었다. 김 회장은 하림그룹의 시작을 담담히 들려주었다. 초등학교 4학년 시절, 외가에 놀러 갔다가 외할머니에게 선물 받은 병아리 열 마리가 지금의 하림그룹을 일군 출발점이었다는 이야기였다.

물론 그 길이 순탄했던 것은 아니었다. 1997년 외환 위기의 고통, 2003년 화재로 인한 1,000억 원대 재산 피해 등 수많은 위기가 있었다. 그때마다 김 회장은 포기하지 않았다. 그는 "포기하지 않으면 패배가 아니다."라는 믿음으로 **실패를 성장의 디딤돌**로 삼았다. 그런 담대함이 결국 하림그룹을 지금의 위치까지 끌어올렸다. 그의 이야기를 들으며 문득 내 어린 시절을 떠올렸다.

세파에 물들지 않은 아이들은 대체로 동물을 좋아하고, 직접 동물 키우고 싶어 한다. 나 역시 어릴 적 토끼를 키우고 싶어 틈만 나면 어머니를 졸랐다. 어느 날 어머니는 장성군 삼계면의 오일장에서 토끼 한 마리를 사 오셨다.

나는 어려서부터 만들기를 좋아했다. 집 뒤에 대나무밭이 있어 대나무를 깎아 연을 만들었다. 또 겨울이면 나무판자와 각목으로 썰매를 직접 만들어 탔다. 그런 내가 토끼를 보자마자 판자와 철망을 구해 토끼장을 만들었다. 대밭에는 칡넝쿨이 무성했고, 나와 동생들은 매일 그것을 뜯어다 토끼에게 먹였다.

토끼가 자라 교배할 때가 되자 수토끼가 있는 집에 데려가 합방을 시켰다. 우리는 새끼가 태어나기를 기다리며 가슴 부풀어 있었다. 머릿속에는 태어난 새끼가 자라서 또 다른 새끼를 낳고, 낳고 해서 수십 마리가 되는 장면이 가득했다. 어린 마음에 '토끼 부자 왕'이 되어 있는 상상의 꿈을 꾸었다.

그러나 그 꿈은 한순간에 무너졌다. 5학년 겨울 방학 때다. 성남에서 사업하는 큰 형님 공장이 문을 닫을 위기에 처하자, 부모님이 그곳에 머물며 보름간 집을 비운 사이였다. 어느 날 아침밥을 주러 갔는데, 토끼는 사라지고 빈 토끼장만 자리를 지키고 있었다. 하지만 금방이라도 두 귀를 쫑긋 세워 코를 실룩거리며 나를 반갑게 맞아줄 것만 같은 토끼의 모습이 떠올랐다. 토기장 주변에는 낯선 발자국만 뚜렷이 남아있었다. 발자국 주인이 도둑일 거라는 짐작은 갔지만 어린 나는 아무것도 할 수 없었다. 겨우 잠자고 있는 어린 동생들을 깨워 도둑맞은 사실을 알릴 뿐이었다. 빈 토끼장을 본 동생들은 땅바닥에 뒹굴며 울기 시작하더니 그칠 줄 몰랐다. 동생들과 함께 텅 빈 토끼장을 아쉬운 마음으로 하염없이 바라보던 그날의 상실감은 오래도록 마음에 남았다.

부모님이 돌아와 수소문 끝에 동네 형들이 밤에 토끼를 훔쳐 술자리를 벌였다는 사실을 알게 됐다. 당시에는 그런 일이 대수롭지 않게 여겨지던 시절이었지만 어린 내 마음에는 깊은 상처로 남았다.

실패를 거울삼아 대책을 세웠지만, 또 다른 실패가 앞을 막았다

그 일로 어깨가 축 처져 있는 내 모습에 어머니는 나를 시장에 데리고 갔다. 이번에는 암수 토끼 한 쌍을 사주셨다. 전에는 토끼장이 오픈 공간인 헛간에 설치되어 있었다. 나는 다시는 같은 일을 겪고 싶지 않아 문단속이 가능한 부엌에 토끼장을 설치했다.

하루에도 몇 번씩 부엌을 들락거리며 토끼를 돌보던 어느 날이었다. 동네 형에게서 "암수를 처음부터 같이 키우면 새끼를 낳지 않는다."라는 말을 들었다. 나는 그 말을 철석같이 믿고 토끼장을 다시 만들어 암수를 따로 갈라놓았다. 다음 날 아침, 어머니의 다급한 목소리에 잠에서 깨어 부엌으로 달려갔다. 토끼 두 마리는 피를 흘린 채 죽어 있었다. 전날 아직은 어리니 갈라놓지 말라는 어머니의 말을 듣지 않은 것이 화근이었다.

나는 동네 아이들을 불러 작은 상여를 만들어 뒷동산 소나무 밑에 묻고 장례를 치러주었다. 그날 이후 다시는 토끼를 키우고 싶다는 말을 꺼내지 못했다.

비록 김홍국 회장처럼 꿈을 현실로 만들지는 못했지만, 그때의 실패는 내 삶에 중요한 자산으로 남았다. 실패는 아팠지만, 두려움을 이기는 법을 가르쳐 주었다. 실패 속에서 실패하는 법을 배웠고, 좌절을 견디는 내공의 힘을 익혔다.

실패에 익숙해진다는 것은 체념이 아니다. 실패를 통해 자신을 단련하고, 그 과정에서 두려움을 넘어서는 힘을 얻는 일이다. 오늘날 하림그룹이 있기까지 김 회장은 수많은 실패와 좌절을 맛봐야 했다. 그때마다 자신을 단련하고 두려움을 딛고 일어서 하림을 키워냈다.

나 역시 어릴 적 두 번의 토끼 키우기 실패는 어쩌면 내 삶을 바꾸는 계기가 되었을지도 모른다. 나는 토끼 때문에 분명 상처받고 좌절을 겪었다. 하지만, 그 실패 속에서 내 안의 내공과 용기는 단단하게 자리 잡았기에 말이다.

아홉 번 실패하더라도 열 번째에 성공한다면, 그것은 실패한 인생이 아니다. 실패를 두려워하지 말라. 실패 속에서 얻은 교훈은 누구도 빼앗을 수 없는 내 삶의 자산이다. 실패에 익숙해질 때 비로소 두려움은 사라지고 그 순간부터 내 인생은 도전하는 삶으로 바뀌기 시작한다.

질문 20 단 한 번의 실패도 없이 성공한 사람을 보았는가?

5. 도전 뒤에 오는 보상은 물질이 아닌 내공

사람들은 도전을 말할 때 흔히 결과부터 떠올린다. 승진이나 연봉 인상처럼 눈에 보이는 보상에 관심을 둔다. 그런 보상이 도전을 자극하는 하나의 동기가 될 수 있음은 분명하다. 그러나 내가 경험한 도전의 보상은 언제나 외형에 있지 않았다. 진짜 보상은 늘 내면의 깊은 곳에서부터 시작되었다. 도전은 거듭될수록 나를 단단하게 만들었고, 그 단단함은 '내공'이라는 이름으로 차곡차곡 쌓여갔다.

울산 CBS 본부장으로 발령받아 내려갔을 때의 일이다. 울산 CBS 총무이사였던 태화교회 양성태 목사를 김유리 아나운서와 함께 만났다. 그때 김 아나운서가 목사님께 나를 이렇게 소개했다.
"이열범 본부장님은 내공이 굉장히 단단한 분입니다."

이곳에 온 지 며칠 되지도 않았는데 어떻게 내면을 들여다본 걸까 싶어 속으로 놀랐다. 그만큼 그는 사람을 보는 눈이 빠른 직원이었다. 그렇다. 내공은 굳이 드러내지 않아도 결국은 드러나기 마련이다.

내공이 단단한 사람은 자기 기준이 분명하고, 어떤 유혹 앞에서도 쉽게 흔들리지 않는다

돌이켜보면 내 삶은 화려한 결과의 연속이라기보다, 부딪치고 넘어지며 버텨온 도전의 과정이었다. 광주에서 평범한 직장생활을 하던 내가 결단코 평범하지 않은 노조위원장을 맡아 낯선 영역에 발을 들였다. 또 내 전공이 아니라서 익숙하지 않은 관리부장 자리를 맡아 관리국장 직무대행으로서, 또 지역 본부장으로서 한 번도 가보지 않은 길에 첫발을 내디뎠다. 실패가 두렵지 않았다기보다는 두려움을 이유로 물러서지 않겠다는 선택을 반복해 왔다.

도전과 결과는 늘 별개였다. 어떤 도전도 명확한 보상을 약속하지 않았다. 오히려 그 과정은 외롭고 고단했다. 때로는 모든 것을 내려놓고 싶을 만큼 지쳐 있던 날들도 적지 않았다. 그러나 이상하게도, 그 고비를 하나씩 넘고 나면 세상을 바라보는 시선이 달라져 있었다. 사람을 이해하는 폭이 넓어졌고, 문제를 대하는 태도는 이전보다 훨씬 유연해졌다. 쉽게 흔들리지 않았고, 어려움 앞에서도 조급해지지 않았다. 이는 지식이나 기술로 설명할 수 없는 변화였다. 수많은 도전은 성공과 실패를 떠나 그 자체로 내공이라는 보상을 남기며, 나라는 사람의 깊이를 더해 주었다.

매의 눈으로 바라다볼 때
떠오르는 아이디어

관리부장으로 임명되어 관리국장 직무 대행을 맡았을 때, 가장 먼저 추진한 일은 공연 행사였다. CBS 야외 광장에 무대를 설치하고 가수가 출연하는 이벤트 사업을 진행했다. 이후 본격적으로 착수한 일이 목동 사옥 복층 공사였다. CBS는 광고 수익을 중심으로 운영되는 방송사다. 노조위원장 시절, 직원들이 월급을 제때 받지 못하던 기억이 떠올랐다. 간부가 되고 나니 자연스럽게 '어떻게 하면 경영에 도움이 될 수 있을까'라는 고민을 하게 되었다.

결론은 명확했다. 관리부장이 할 수 있는 최선의 기여는 임대 수익을 높이는 일이었다. 사옥을 둘러보다가 1층 바닥에서 천정까지 높이가 유난히 높다는 사실이 눈에 들어왔다. 한 층을 2개 층으로 나누는 복층 공사를 떠올렸다. 임대 면적이 두 배로 늘어나고, 용도를 상가로 전환하면 임대료 역시 몇 배로 상승할 수 있었다. 곧바로 기획안을 작성해 사장과 이사장의 결재를 받아냈다.

말보다 행동이 앞섰던 나는 허가를 받기 위해 양천구청으로 달려갔다. 그러나 방송사라는 특수 목적 건물이라는 이유로 증축과 용도 변경은 쉽지 않았다. 구청은 건설교통부로, 건교부는 다시 시청이나 구청으로 책임을 넘겼다. 전형적인 무사안일의 벽 앞에서 복층 공사는 좀처럼 진척을 보지 못했다. 하지만 쉽게 포기할 수는 없었다. 방법을 찾기 위해 관련 자료를 찾아 공부했고, 끈질기게 문을 두드렸다.

그 무렵 읽은 성경의 한 구절이 마음에 남았다. 억울함을 풀기 위해 불의한 재판관을 끊임없이 찾아간 과부의 이야기였다. 재판관은 정의로움 때문이 아니라 너무 귀찮아서 결국 과부의 청을 들어준다는 성경 내용이다. 그 대목을 읽는 순간 해답이 떠올랐다. 포기하지 않고 끝까지 두드리는 것이었다. 강병희 팀장과 함께 양천구청을 수없이 드나들며 담당 공무원을 끈질기게 설득했다. '두드리라, 그러면 열릴 것이다'라는 말만 믿고 문을 두드린 끝에 마침내 건축허가를 받아낼 수 있었다.

안전과 직결된 문제는
절대 양보해서는 안 된다

그러나 진짜 싸움은 그다음이었다. 경쟁 입찰로 선정된 건축 시행사는 저가 입찰로 수익을 남기기 위해 부실 공사의 위험을 안고 있었다. 낮에는 생방송 때문에 공사를 할 수 없어 주로 야간 공사가 많았다. 그 때문에 관리부 직원들은 낮에는 업무를 보고 밤에는 공사 현장 감독을 하는 생활을 반복했다. 어느 날 새벽, H빔이 반입된다는 소식을 듣고 현장을 지키고 있었다. 새벽 3시쯤 철강을 실은 차가 도착했다. 대기하고 있던 크레인으로 차에서 철강을 내리려고 하는 순간 송장을 요구했다. 송장을 가져오지 않았다며 내일 가져다주겠으니, 자재부터 내리자고 요청했다. 송장이 없다는 것은 중국산 자재가 들어왔을 가능성을 의미했다. 이는 곧 건물 안전과 직결되는 문제였다.

송장을 가져오기 전에는 절대 하역할 수 없다고 완강히 거부했다. 못 내린다, 내리겠다 옥신각신하다 결국 물리적 충돌이 벌어졌다. 그 과정에서 강 팀장은 그들이 휘두른 쇠 파이프에 허리를 다쳤고, 나는 즉시 경찰을 불렀다. 안전하게 건물을 지어야 한다는 책임감이 나를 마지막까지 버티도록 만들었다. 그렇게 수개월의 밤을 견뎌내며 복층 공사는 완공되었다. 약 천 평 규모의 없던 상가 임대 공간이 새롭게 조성되었고, 평당 300만 원 수준이던 임대 공간은 3,000만 원의 가치로 탈바꿈했다. CBS에 수백억 원 규모의 자산 증가를 안겨준 성과였다.

그러나 사장이 바뀌자 공은 과로 바뀌었다. 결과는 3개월 정직이라는 중징계였다. 말로 다 표현할 수 없는 분노가 치밀었지만, 나는 순응했다. 아이러니하게도 그 순응의 과정에서 내면은 더 단단해졌다. 아무도 생각하지 못한 복층 공사라는 도전은 계획부터 과정, 준공, 그리고 징계에 이르기까지 내공을 쌓는 또 하나의 과정이었다.

도전은 언제나 결과와 상관없이 받아들여야 한다. 나는 실패 속에서도 배웠고, 끝까지 버틴 날들 속에서 인내라는 무기를 얻었다. 진짜 도전은 결과가 아니라 과정에서 사람을 변화시킨다. 그 과정에서 쌓인 내공은 시간이 흐를수록 빛을 발한다. 세상의 기준이 아니라 자기만의 기준으로 성장한 사람은 어떤 환경에서도 쉽게 흔들리지 않는다. 오늘도 나는 나 자신에게 말한다. 도전하라. 그러나 보상은 눈에 보이는 곳에서 찾지 말아라. 진짜 보상은 내면에 쌓이는 깊이와 단단함에 있다.

그 내공이야말로 어떤 고난 속에서도 끝까지 자신을 지켜주는, 가장 확실한 자산이다.

> **질문 21**　자신을 지켜줄 내공은 언제 어느 때 쌓이던가요?

6. 드러나지 않아도 선택받는 사람, 갈렙의 길

국가정보원의 전신인 중앙정보부가 1961년 창설 당시 내세운 원훈은 '우리는 음지에서 일하고 양지를 지향한다'였다.

노조위원장 시절 만났던 한 국정원 직원이 떠오른다. 그는 대화 내내 겸손했고, 말수는 적었으며, 무엇보다 상대의 말을 끝까지 경청하는 태도를 지니고 있었다. 조용히 일하는 사람이었다.

물론 국정원이 과거 정치에 개입하고, 사찰을 통해 국민의 사생활을 침해했던 역사적 잘못도 존재한다. 그런 점에서 나와 다른 생각을 가질 수도 있다. 그런데도 그 직원만큼은 '음지에서 일하고 양지를 지향한다'라는 말이 어울리는 사람이었다. 나는 늘 떠들썩하게 양지에 서려는 사람보다, 음지에서 묵묵히 일하며 양지를 향하는 사람들을 존경해 왔다. 그리고 그런 삶을 닮고자 했다.

　이스라엘 민족이 광야 생활을 마치고 가나안 땅을 앞에 두었을 때, 모세는 12명의 정탐꾼을 보낸다. 돌아온 정탐꾼 중 10명은 두려움에 사로잡혀 정복은 불가능하다고 보고했다. 반면 2명은 달랐다. "우리가 능히 그 땅을 차지할 수 있다."라고 외쳤다. 그중 한 사람이 갈렙이다.

　갈렙의 외침은 감정이 아니라 신념에서 나온 것이었다. 나는 그를 내 롤모델로 삼았다. 이유는 분명하다. 그의 용맹함도 인상 깊었지만, 그보다 더 나를 붙잡은 것은 그의 **침묵**이었다. 갈렙은 이스라엘 정복 역사에서 결정적인 공을 세웠다. 그러나 그는 자신의 공을 드러내려 하지 않았다. 성경에서도 그의 이름은 크게 드러나지 않는다. 그는 자신을 드러내는 대신, 민족이라는 더 큰 '양지'를 바라보며 음지에 머물렀기 때문이다.

　사람들은 흔히 무대 위의 주인공만을 기억한다. 스포트라이트를 받으며 박수받는 사람에게 모든 관심과 찬사가 쏠린다. 마치 자신이 세상의 중심인 듯 행동하는 사람들에게 시선이 집중된다. 그러나 **역사는 늘 무대 뒤에서 묵묵히 자기 역할을 감당한 사람들에 의해 움직여 왔다.** 드러나지 않아도 불평하지 않고, 자기 자리를 지키는 사람들이 세상을 바꿔왔다.

　인사철이 되면 조직 안에는 언제나 소문이 돈다. "누가 어디로 가고, 누가 어느 자리에 앉는다더라."라는 이야기들이다. 놀랍게도 그런 소문은 대부분 맞아떨어진다. 본부장급 인사는 한 사람의 이동이 연쇄적인 자리 이동으로 이어지기 때문이다. 퍼즐을 맞추듯 추론하면 윤곽이 드러난다.

여느 때처럼 본부장급 인사가 곧 발표를 앞두고 있었다. 그때 입담 좋은 직원들이 그려낸 인사 윤곽 속에 전북본부장 자리는 빠져 있었다. 사장은 전북본부장을 누구보다 신뢰하고 있었고, 교체할 의사가 없었다. 그러나 현실은 달랐다.

전북본부는 오래전부터 본부장과 전북지부 노조와 갈등이 심각했다. 전북지부 노조는 이번 인사 때 본부장을 바꿔 달라고 강하게 요구했다. 사장 생각은 버꿀 생각이 없었다. 사장의 확고한 의중을 파악한 노조원들은 최후 수단을 꺼냈다.

당시 사회 전반에 성추행 문제가 민감한 이슈로 떠오르던 시기였다. 노조는 직장 내 성추행 문제까지 거론하며 성명서 발표를 예고하며 사장을 압박했다. 사실 여부를 떠나, 그 단어가 던져지는 순간 조직과 개인이 입게 될 타격은 치명적이었다. 언론과 여론의 파급력을 알기에 사장 역시 더 버틸 수 없었다. 그렇게 신뢰하던 전북본부장을 교체하기로 결단하게 된다.

묵묵히 자기 일에 최선을 다하면
누군가 지켜보고 알아차린다

인사 발령 전날 밤, 한용길 사장에게서 전화가 왔다. 느슨했던 자세를 고쳐 앉으며 전화를 받았다.

"이번에 전북본부장으로 내려가 주셨으면 하는데, 괜찮겠습니까?"

이미 인사는 모두 정리된 상태라 생각했고, 전북본부장은 교체 대상이 아니라고 알고 있었기에 순간 당황하고 놀라 "아~네~ 괜찮습니다."라며 말이 더듬어졌다. 사장은 이어 이렇게 말했다.

"여러 사람에게 이 본부장 이야기를 물어봤는데, 싫어하는 사람이 1명도 없더군요. 모두가 선택을 잘했다고 하니 저도 놀랐습니다."

나는 과분한 칭찬에 고개를 낮추며 "좋게 봐주셔서 감사합니다. 열심히 하겠습니다."라고 답했다.

다음 날 발표된 인사 명단에 누구도 예상하지 못했던 전북본부장 자리에 내 이름이 올랐다. 축하 전화가 이어졌고, "역시 선배는 불사신입니다."라는 농담 섞인 말도 들렸다. 반면 시기하는 말도 없지 않았다. 본부장을 세 차례 맡았다는 사실이 누군가에게는 달갑지 않았을 것이다.

그러나 분명히 말할 수 있다. 나는 단 한 번도 본부장 자리를 내가 원해서 내려간 적이 없다. 늘 사장님의 필요에 따라 선택받았을 뿐이다. 사장과 개인적으로 가까웠던 적도, 청탁한 적도 없다. 30년 넘게 근무하면서 함께 일해볼 기회조차 없었다. 그런데도 선택받았다면, 그 이유는 하나라고 생각했다. 갈렙처럼 드러내지 않고 맡은 자리에서 묵묵히 일해왔기 때문이다. 누군가는 보고 있었고, 누군가는 기억하고 있었다.

오늘날 사회는 성과를 앞세우는 시대다. 조직 안에서도 누가 무엇을 했는지 알리는 사람이 유리해 보인다. 언론에 이름을 올리고, 상을 받기 위해 애쓰는 사람들도 많다. 물론 능력 있는 사람들도 있다. 그러나 공치사는 진정성을 갉아먹는다. 예수의 말씀처럼 "오른손이 하는 일을 왼손이 모르게 하라."는 가르침은 단순한 겸손의 미덕이 아니라 삶을 대하는 태도다.

갈렙은 그런 삶을 살았다. 자신은 **음지에 머물며 민족의 양지를 꿈꾸었다.** 공을 자랑하지 않았고, 모든 영광을 하나님께 돌리며 조용히 자기 몫의 땅을 일구었다. 많은 이가 여호수아를 기억하지만, 나는 갈렙을 마음속 깊이 새긴다. 그는 침묵 속에서 가나안 땅 정복에 가장 크고 힘든 일을 해낸 사람이었기 때문이다.

현대사회는 눈에 띄지 않으면 쉽게 잊힌다. 그러나 드러나지 않아도 신념대로 자기 자리를 지키는 사람은 결국 누군가의 희망이 된다. 지금 주목받지 못한다고 조급해할 필요도, 알아주지 않는다고 포기할 이유도 없다. '낭중지추' 말처럼 주머니 속의 송곳은 언젠가 밖으로 드러나기 마련이다.

나는 묵묵히 씨앗을 뿌렸을 뿐이다. 그 씨앗을 누군가는 보고 있었고, 누군가는 기억했다. 자기 PR의 시대에 공치사하지 않고, 갈렙처럼 조용히 자기 자리를 지키는 일은 쉽지 않다. 그러나 세상의 평가보다 자신의 진심과 신념을 따라 묵묵히 수고의 씨앗을 뿌려야 한다.

침묵으로 뿌린 씨앗은 절대 헛되지 않다.

때가 이르면, 더 깊은 울림으로 누군가의 삶에 희망이 된다.

> **질문 22** 누군가 알아주지 않는다고 불평하며 포기하지 않았는가?

7. 묵묵히 일하면 기회는 찾아온다

사람이 진정성을 가지고 자기 일에 몰두하다 보면, 언제나 박수만 받는 것은 아니다. 때로는 예상하지 못한 대가를 치러야 할 때도 있다. 나는 회사의 발전을 위해 창의적인 아이디어를 내고, 누구도 시도하지 않았던 일에 도전하며 눈에 띄는 성과를 만들어 냈다. 회사로 봐서는 분명 이익이었고, 조직 전체의 자산 가치를 끌어올리는 결과로 이어졌다. 그러나 모든 노력이 환영받는 것은 아니었다. 열심히 일한 대가가 오히려 시기와 질투가 되어 돌아오는 현실을 그때 처음으로 뼈아프게 경험했다.

관리국장으로 근무하며 추진한 사옥 복층 공사는 그 대표적인 사례였다. 이전의 관리국장들 중 누구도 시도하지 않았던 일이었고,

사실상 발상의 전환이 필요했다. 쉽지 않은 결정이었지만, 나는 회사의 미래를 생각하며 공사를 강행했다. 결과는 분명했다. 회사는 수백억 원의 자산 증가 효과를 거두었고, 그에 따른 매출 상승까지 이루어 냈다. 많은 직원이 "어떻게 그런 생각을 했느냐.", "회사에 큰 이득을 안겨줘 고맙다."라고 말해 주었다. 그 말들은 나에게 큰 보람이었고, 내가 가고 있는 길이 틀리지 않았다는 확신을 주었다.

그러나 그와 동시에, 누군가는 나의 성과를 곱지 않은 시선으로 바라보고 있었다. 자격지심은 참으로 교묘한 감정이다. 상대가 잘하면 내가 못난 사람이 된 것 같은 착각에 빠지고, 그 불편한 마음을 견디지 못해 상대를 깎아내리고 싶어진다. 결국 그 감정은 근거 없는 소문이라는 가장 비열한 방식으로 모습을 드러냈다. 건축업자로부터 돈을 받아 차를 샀다는 이야기가 퍼지기 시작했다. 내가 관리국장이 되기 훨씬 전인 8년 전에 사서 계속 타고 다니던 차량이었음에도 그런 소문이 돌았다.

시기와 질투로 남을 음해하는 세력은 어디에도 있기 마련이다

그 소문이 힘을 얻지 못하자, 이번에는 건축업자로부터 부정한 돈을 받아 아파트를 샀다는 이야기까지 나돌았다. 그러한 이야기들은 노조 게시판을 떠돌며 점점 살을 붙여 갔다. 나는 당시 너무 바빴다. 해야 할 일이 산더미였고, 일일이 해명하고 대응할 여유도, 그럴 필요도 느끼지 못했다. '진실은 언젠가 드러난다'라는 믿음이 있었다. 쓸데없는 논쟁에 휘말리다 보면 정작 해야 할 일을 놓치게 된다고 생각했다. 그래서 끝까지 무대응으로 일관했다.

하지만 그것이 오판이었다. **가짜 뉴스도 반복되면 진짜처럼 받아들여진다는** 말이 있다. 내 상황이 바로 그랬다. 대응하지 않으니, 오히려 사실이기 때문에 침묵하는 것이라는 오해가 생겨났다. 어느 날 후배 주철 국장이 찾아와 사장님마저 나를 의심하고 있다며 강하게 대응하라고 조언했다. 그제야 상황의 심각성을 느꼈지만, 이미 여론은 나쁜 방향으로 흘러가고 있었다. 결국 회사는 감사를 진행했고, 아무리 털어도 문제가 나오지 않자 여론을 잠재우기 위한 명분으로 억지 징계가 내려졌다. 말도 안 되는 죄목이 내 이름 위에 씌워졌다.

억울함과 분노가 치밀었지만, 선택의 갈림길에 섰다. 회사의 결정을 받아들이지 못하겠다면 회사를 떠나면 된다. 그러나 나는 누구보다 회사를 사랑했고, 조직을 떠나 싸우는 대신 안에서 견디는 길을 택했다. '악법도 법'이라는 말처럼, 이해할 수 없어도 결정은 결정이었다. 자숙하며 묵묵히 내가 맡은 일에 최선을 다하기로 했다. 다시는 먼저 나서지 않겠다고, 시키는 일만 하겠다고 다짐했지만, 사람의 본성은 쉽게 바뀌지 않았다. 시간이 지나자 도전하고 싶은 마음은 다시 고개를 들었다.

진심은 드러내지 않아도
언젠가 밝혀진다

징계가 풀린 뒤 라디오 송출제작부장이라는 보직을 맡았을 때다. 또 하나의 위기가 눈앞에 놓여 있었다. 자동 송출 시스템은 이미 한계에 도달해 있었고, 방송 사고의 절반 이상이 장비 문제에서 비롯됐다. 이대로 두다가는 방송이 멈출 수도 있겠다는 불안감이 엄습했다. 시스템을 새로 구매하려면 막대한 예산이 필요했고, 그 문제 때문에 전임 부장들이 손을 놓고 있었음을 직감했다. 또다시 나섰다가는 문제가 될 수도 있었지만, 눈을 감고 외면할 수는 없었다. 결국 비용을 최소화하면서 자체적으로 장비를 개발해 교체하는 길을 선택했다.

위험 부담은 컸다. 실패하면 모든 책임은 고스란히 국장과 담당 부장인 내 몫이었다. 그런데도 도전 정신이 나를 다시 움직이게 했다. 우여곡절 끝에 개발은 성공했고, 회사는 큰 비용 절감 효과를 얻었다. 더 나아가 부서 직원들의 기술력까지 함께 성장하는 일거양득의 결과를 가져왔다. 리더란 결국 책임을 지는 자리다. 때로는 징계를 각오하고서라도 결단해야 한다. 결단 없는 리더는 조직을 앞으로 나아가게 할 수 없다.

억울한 징계 속에서도 나의 도전 정신은 꺾이지 않았다. 오히려 더 묵묵히, 더 성실하게 내 일에 집중했다. 누가 보든, 누가 손가락질하든 상관하지 않았다. 억울함을 풀기 위해 소란을 피우지도 않았고, 복수를 꿈꾸지도 않았다. 시간만이 진실을 증명해 줄 것이라 믿었다. 진심으로 일한 사람과 그렇지 않은 사람의 차이는 결국 드러나게 마련이다.

그 믿음은 생각보다 오래 걸리지 않아 현실이 되었다. 기술국 기획관리부장으로 근무하던 어느 인사철이었다. 이재천 사장님으로부터 전화가 걸려 왔다.

"이 본 수고 많지요?"

"아닙니다."

"이번에 울산 본부장으로 내려가는 게 어때요?"

"사장님, 감사합니다. 제게 10분만 시간을 주시면 곧 전화하겠습니다."

"그래요. 생각해 보고 전화 주세요."

잠시 후 사장님께 전화했다.

"사장님, 저를 특별히 챙겨주셔서 감사합니다. 울산 내려가서 열심히 하도록 하겠습니다."

울산본부장 제안을 받았을 때, 잠시 고민은 있었지만 결국 받아들였다. 연고도 없고 쉽지 않은 자리였지만, 그것은 나에게 또 하나의 기회이자 새로운 도전이었다.

세상은 완벽하리만큼 공정하지는 않다. 그러나 그렇다고 해서 완전히 불공정한 것도 아니다. 때로는 억울한 일을 겪고, 그로 인해 깊은 상처를 입기도 한다. 그런데도 끝까지 자기 일에 충실한 사람에게 기회는 반드시 찾아온다. 흔들리지 않고 버텨낸 시간은 결코, 배신하지 않는다. 진심은 언젠가 드러나고, 성실함은 결국 보상으로 돌아온다. 내가 걸어온 길이 그 사실을 증명해 주고 있다. 지금 이 글을 읽는 누군가도 자신의 자리에서 묵묵히 최선을 다하고 있는가. 그렇다면 머지않아 그 노력에 합당한 기회가 반드시 찾아올 것이라 확신한다.

> **질문 23** 억울한 일을 당하고 분노 대신 진실이 밝혀질 때를 기다려 본 일이 있는가?

8. 심각한 부부 싸움이 만들어 준 평화의 시간

우리나라 부부들이 겪는 갈등 가운데 가장 큰 비중을 차지하는 원인은 무엇일까.

한국사회복지학회의 발표에 따르면, 부부 갈등의 가장 흔한 원인은 의외로 성격이나 사랑의 문제 같은 '정서적 요인'이 아니라, 생활 속 '**습관의 차이**'라고 한다. 그다음으로는 가사 분담과 여가 활동에서 비롯된 갈등이 주요 원인으로 꼽힌다. 이는 부부 갈등이 거창한 이유보다 아주 사소하고 일상적인 문제에서 시작된다는 사실을 보여준다. 어쨌든, 부부로 살아가다 보면 다툼은 피할 수 없는 과정이다. 처음에는 아무렇지 않게 넘길 수 있을 것 같은 사소한 일로 시작되지만, 어느 순간 감정이 쌓이고 쌓여 과거의 상처까지 불러내며 감정싸움으로 번지곤 한다.

그날도 그랬다. TV를 보며 아이스크림을 먹고 있었다. 화면에 집중한 나머지 아이스크림 비닐 껍질을 탁자 위에 올려둔 채 그대로 두었다. 아내는 "먹었으면 쓰레기통에 버려야지, 왜 그대로 두느냐."라며 말을 꺼냈다. 나는 시선을 TV에서 떼지 않은 채 "조금 있다가 버릴 거야."라고 무심이 답했다. 그러자 아내는 "지금 버리면 되지, 지저분하게 저렇게 두고 싶냐?"라며 한마디를 더 얹었다.

잔소리가 계속되자 TV에 집중할 수 없었고, 내 감정도 점점 날카로워졌다. 결국 참지 못하고 "그렇게 신경 쓰이면 당신이 좀 버리든가."라고 쏘아붙였다. 아내 역시 즉각 반응했다.

"당신이 먹은 쓰레기를 왜 내가 치워야 하는데?"

아이스크림 껍질로 시작된 말다툼은 어느새 걷잡을 수 없이 커졌다. 감정은 폭발했고, 대화는 현재를 벗어나 과거로 흘러갔다. 서로에게 서운했던 일, 상처받았던 기억들이 연달아 쏟아져 나왔다.

아내의 어릴 적 상처가 트라우마로

아내는 성장 과정에서 깊은 상처를 안고 살아온 사람이었다.

큰아버지가 일찍 세상을 떠난 뒤, 큰어머니는 집을 나가 따로 살게 되었고, 그 결과 아내는 큰아버지의 자녀들과 함께 한집에서 성장해야 했다. 소심한 성격의 장인은 주변의 시선을 지나치게 의식했다. '내 자식만 차별한다'라는 말을 들을까 두려운 나머지, 오히려 친자식들에게 더 엄격했고, 때로는 냉정했다. 큰아버지의 자녀들이 잘못해도 혼이 나는 쪽은 늘 아내였다. 큰아버지 자식인 한 살 위 언니가 있었지만, 언니는 집안일에 거의 손을 대지 않았다. 맏딸이었던 아내는 어린 나이부터 살림을 도맡으며 살아야 했다. 그렇게 쌓인 **역차별의 경험**은 피해의식으로 굳어졌고, 마음속 깊은 트라우마가 되었다.

트라우마는 언니를 미워하게 됐고 그 미움은 특정 인물에 머물지 않았다. 아내의 말속에는 늘 누군가를 향한 비난과 부정이 담겨있었다. 타인을 이해하거나 포용하려는 여지는 거의 없었다. 나는 그런 대화 방식에 동의할 수 없었고, 맞장구를 치지도 않았다. 그런 나에 대해 아내의 불만은 점점 쌓여갔다.

"누군가를 미워하는 건 결국 자기 자신을 갉아먹는 일이야."

나는 그렇게 말하며 그 습관을 내려놓아 달라고 부탁했지만, 쉽게 바뀌지 않았다. 긍정적이고 적극적인 내 성향과 부정적이고 소극적인 아내의 성향은 번번이 다툼으로 이어졌다. 말다툼이 격해질수록 아내의 언니에 대한 증오심은 나에게까지 옮겨졌다. 정년 퇴임 후, 나는 실직자가 되었다. 아내는 실직한 나를 이빨 빠진 호랑이로 인식한 듯 보였다. 아내는 복수의 기회로 삼아 과거 잘못들만 들춰내며 나를 몰아붙였다. 급기야 나를 비열한 인간으로까지 몰아가는 지경에 이르렀다. 아내의 부정적인 말에 맞장구치지 않은 일이 그토록 상처받을 일인가 싶어 나 역시 감정이 폭발했다. 집 안에 딸이 있었는데도 우리는 서로를 향해 날 선 말을 쏟아냈다. 8년 넘게 호주에서 생활하다 막 귀국한 딸에게 그 장면은 큰 충격으로 받아들였다. 딸이 기억하던 다정한 아버지의 모습은 사라지고, 격앙된 목소리로 분노를 표출하는 낯선 아버지만 남았다. 그날 이후 딸은 나와의 대화를 끊었다. 몇 번이고 사과하며 용서를 구했지만, 딸의 마음은 쉽게 열리지 않았다. 아내에게서도, 딸에게서도 신뢰를 잃었다. 가장으로서 가족에게마저 신뢰받지 못한다는 사실은 나를 깊은 허무로 몰아넣었다. 삶은 무의미했고, 우울한 날들이 이어졌다.

퇴임 후 새로운 일을 시작하며 아산에서 혼자 지내게 되었다.

아는 사람도, 마음을 나눌 상대도 없었다. **고립감은 점점 깊어져 살아 있으나 죽어 있으나 다를 게 없다는 생각으로 번졌다.** 밤마다 잠을 이루지 못했고, 몸과 마음은 빠르게 피폐해져 갔다. '이러다 정말 죽겠다'라는 생각이 나를 덮쳤다. 그러나 그 아픔을 털어놓을 곳은 없었다. 주말에 집에 가도 증오심으로 가득 찬 아내에게 "나 너무 힘들어, 죽을 것 같아."라는 말을 꺼낼 수는 없었다. 위로는커녕 짜증과 냉대만 돌아왔다. 이 어두운 터널에서 어떻게든 빠져나와야 했다. 방향을 바꾸기로 했다. 가족에게서 잃어버린 신뢰를 친구들과의 관계 속에서라도 회복하고, 삶의 의미를 찾고 싶었다.

아내에게 차를 주고 나니, 내겐 발이 묶였다. 친구들을 만나려면 차가 필요했다. 결국 친구의 도움으로 광주에서 중고차를 구매했다. 차를 찾으러 내려간 김에 다음 날 친구들을 만나려고 모텔에서 하룻밤을 보냈다. 그러나 잠이 오지 않아 밤을 꼬박 새우고 말았다.

이른 아침, 옛 직장 후배 정해룡 국장을 만나 식사를 하고 오전 시간을 함께 보냈다. 이어 대학 동기인 귀수, 동렬, 상봉 친구를 만나 점심을 같이하고, 친구 카페에서 차를 마시며 이야기를 나눴다. 오랜만에 웃고, 떠들며 친구들과 함께하니 가슴이 뜨거워졌다. '이게 사람 사는 거지.' 삶의 감각이 되살아나는 느낌이었다. 이제 차도 생겼으니 언제든 광주에 내려와 친구들을 만날 수 있다는 생각에 희망이 싹텄다.

광주에서 아산으로 돌아오는 데 전날 밤 한숨도 자지 못했지만, 이상하리만큼 졸리지 않았다. 그러나 고속 도로를 빠져나와 국도에 진입해 숙소까지 10여km를 남겨 두고 긴장의 끈이 풀렸다. 깜박 졸고 말아 차는 중앙선을 넘어 주유소를 관통해서 저수지로 돌진했다.

그 넓은 저수지에 딱 두 그루의 나무만 서 있었다. 기적처럼 차는 두 그루의 나무와 충돌 후 저수지로 빠졌다. 그 때문에 저수지 한가운데로 빠지는 일은 면했다. 앞바퀴가 물속에 잠겼지만, 간신히 뒤 트렁크가 물 밖으로 나와 있었다. 그 때문에 주유소 주인이 어둠 속에서 라이트로 비쳐 차량을 발견해 살아날 수 있었다. 주유소 주인은 "이건 기적이 아니면 살 수 없는 사고"라며 연신 고개를 저었다.

나 역시 하나님이 죽음의 문턱에서 나를 건져 올려졌다고 생각했다.

그날 이후, 나는 모든 것을 내려놓았다. 욕심도, 자존심도, 옳고 그름에 대한 집착도 내려놓았다. 아내의 말이 부정적이든 긍정적이든 더 이상 중요하지 않았다. 있는 그대로 받아들이기로 했다. 내가 변하니 세상이 달라졌고, 세상이 달라지니 아내와 딸도 서서히 변했다. 우린 예전의 화목했던 모습으로 돌아갔다.

심각한 싸움은 깊은 상처를 남겼지만, 그 고통은 우리 가족에게 진정한 평화를 가져다주었다.

부부 싸움은 피할 수 없는 삶의 과정이다. 중요한 것은 싸움 그 자체가 아니라, 그 싸움을 통해 서로를 이해하고 자신을 성찰할 수 있느냐는 점이다. 가정은 늘 평온할 수는 없다. 진심 어린 반성과 내려놓음이 있다면 어떤 폭풍우도 지나간다. 그 뒤에는 더 단단해진 평화의 시간이 기다리고 있다.

질문 24 당신은 부부 싸움 이후 언제 어떻게 손 내미시나요?

제4장

누구나 두렵다,
그러나
일어나야 한다

1. 간절함이 없으면 이룰 것도 없다

살아오면서 나 자신에게 지켜온 철칙이 하나 있다면, **간절함만이 결국 나를 원하는 길로 이끈다는** 믿음이다. 간절한 마음 없이는 어떤 성취도, 어떤 기적도 일어나지 않는다고 믿어 왔다. 누구나 꿈은 꾼다. 그러나 그 꿈을 끝내 현실로 만들어 내는 사람은 극소수에 불과하다. 그 차이를 가르는 것은 능력도, 환경도 아니다. **마음속 가장 깊은 곳에 자리한 간절함의 농도가 결정한다.**

울산 본부장으로 발령받은 뒤, 조혜영 경리 부장으로부터 경영 상황을 보고 받고 눈앞이 캄캄했다. 울산 경제는 현대중공업에 절대적으로 의존하고 있었다. 울산 경제의 70%를 떠받치던 거대 기업이 조선업 침체로 그 늪에 빠져나오지 못하고 있었다. 지역 전반

이 함께 흔들렸다. 그 여파는 고스란히 우리에게도 밀려왔다. 광고 수주는 급감했고, 광고 공사에서 내려오는 광고 물량은 목표 대비 20%에도 미치지 못했다. 매출은 바닥을 쳤고, 구조적으로 적자를 면하기 어려운 상황이었다.

머리를 쥐어짜도 뚜렷한 해법은 보이지 않았다. 공익 방송이라고 말하기 민망할 정도로 제대로 갖추어진 게 하나도 없어 보였다. 최근 조혜영 총무국장과 통화에서 여전히 어렵다는 소식을 들었다. 그때도 울산 CBS는 대안 찾기가 어려운 경영 상태였다.

울산은 연고도 없었고, 매출을 끌어올리는 데 도움이 될 그 어떤 인맥조차 없었다. '맨땅에 헤딩한다'라는 말이 바로 이런 상황을 두고 하는 말 같았다. 무에서 유를 만들어 내야 했다. 그래서 더욱 강한 결의가 필요했다. **'누구든 붙잡고서라도 이 난국을 반드시 헤쳐 나가고 말겠다'**라는 간절함으로 마음을 단단히 붙들었다.

CBS는 언론이면서 동시에 선교의 사명을 지닌 독특한 방송이다. 경영 또한 그 특수성을 품고 풀어가야 했다. 경영 책임자로서 한청희 총무국장과 함께 먼저 코바코 울산지소를 찾아갔다. 지소장과 점심을 같이했는데 현대중공업 핑계를 대며 광고 수주가 어렵다는 변명만 늘어놓았다. 한때 세계적인 부유 도시로 이름을 떨쳤던 울산이 하필이면 내가 부임한 이때 가장 힘든 시기라니….

난관을 뚫을 방법을 찾고자 이전호 전임 본부장은 어떻게 경영했는지도 알아보았다. 그는 서울에서 수천만 원의 광고를 울산 CBS로 끌어왔다. 그 덕분에 직원들 월급은 제때 지급하며 버틸 수 있었다. 반면 나는 서울 광고를 끌어올 만한 역량이나 기반도 없었다. 현실의 벽은 높았고, 걱정은 산처럼 쌓여갔다. 그럴수록 **내 마음속 간절함은 깊어지고 단단해져 갔다.** 문제해결의 실마리가 보이지 않을 때 그 자리에 맴돌아서는 안 된다. 한 걸음 옆으로 비켜서서 문제의식에 접근할 필요가 있다.

토요일 아침, 답답한 마음에 간절함을 품은 채 영남알프스로 불리는 '가지산' 등반에 나섰다. 해발 1,200m에 이르는 산을 동반자 없이 올랐다. 가지산 등반은 처음인데도 등산로 정보 하나 없이 무작정 길을 나섰다. 사람들이 많이 다니지 않는 길을 일부러 택했다. 고생을 사서라도 해보면, 뜻밖의 해답이 보일지 모른다는 생각 때문이었다. 과거 포병부대가 포 사격장으로 사용하던 구역이라 접근금지 철조망을 넘어야 했다. 탄피가 여기저기 흩어져 있어 불발탄이라도 건드리면 어쩌나 하는 생각에 등골이 서늘해지기도 했지만, 두려움을 떨치고 지나쳐 갔다. 순전히 절망 가운데 해답을 찾기 위한 몸부림이었다.

나를 낮추면 도움의 손길은 어디에나 있다

정상에 올라 답답함을 털어내기 위해 '야호!'라고 몇 번이 외쳤다. 반대편에 우뚝 선 산도 나를 따라 '야호'라고 외쳐댔다. 하산길은 또 다른 방향을 택해 내려왔다. 내려오는 길에 '호박소'라는 이정표가 눈에 들어왔다. 이름이 생소하고 특이해 그냥 지나칠 수가 없었다. 호기심이 발동했다. 가지산은 울주군 땅이지만, 호박소는 밀양시 땅이었다. 계곡을 따라 내려가는데, 아무리 내려가도 호박소는 보이지 않았다. 마치 울산 CBS 그때 상황처럼 끝이 보이지 않았다. 겨우 도착해 보니 그리 높지 않은 폭포가 있었다. 수천 년 동안 폭포수가 넓은 암반을 두드려서 파내어 호박처럼 둥근 작은 연못을 만들었다. 그 안에 담긴 물은 놀라울 만큼 맑고 깨끗했다. 문득 노자 사상에 나오는 '상선약수(上善若水)'라는 말이 떠올랐다. 나는 과연 물처럼 낮은 곳으로 흐르며 살아왔는지 자신을 돌아보며 생각에 잠시 잠겼다. 그때 전화벨이 울렸다. 박향자 목사님이었다.

"본부장님, 많이 힘드시죠?"

"네, 울산이라는 땅이 내게 호락호락하지 않아서 자신감이 많이 떨어지네요. 그래도 이겨내야죠!"

"울산 교계가 CBS에 우호적이지 않아서 더 힘드실 거예요. 울산을 거쳐 간 본부장들이 모두 어려워했거든요. 제가 많이 도울게요.

힘내세요."

전화를 끊는 순간, 힘들어도 참아왔던 감정에 복받쳐 울컥하고 말았다. 울산으로 내려와 기댈 곳 하나 없이 버텨오며, 얼마나 위축되고 외로웠는지 그제야 실감이 났다. 뜻밖에 나를 돕겠다는 우군을 만났다는 사실 하나만으로도 마음이 무너져 내렸다. 다시 계곡을 따라 올라오는 길은 내려올 때와는 달리 발걸음이 날아갈 듯 가벼웠다. 우군이 생기자, 실낱같은 희망이 비로소 보이기 시작했다. '그래, 아는 사람 하나 없었는데 벌써 한 분이 생겼잖아. 이제 시작이야. 이 희망을 조금씩 넓혀가면 되는 거야.' 나는 그렇게 자신에게 간절함으로 힘을 불어넣었다.

돌이켜보면, 간절한 마음은 언제나 뜻하지 않은 곳에서 도움의 손길을 불러왔다. 갈렙이 "이 산지를 내게 주소서."라고 외쳤던 것처럼, 나 역시 그 각오로 울산에 내려왔다. 맨땅에 헤딩하는 형국이었고, 쉽게 정복할 수 없는 땅이라 수없이 위축되었다. 그런데도 박향자 목사님을 시작으로 장현서 운영이사장, 우기봉 목사, 정근두 목사, 권태숙 국장 등 헤아릴 수 없을 만큼 많은 분이 손을 내밀어 주었다. 한청희 총무국장과 함께 서울에서 울산으로 광고를 유치하며, 어려운 여건 속에서도 적자를 면할 수 있었다. 더 나아가 각 교회에서 추천한 150명의 시민기자단을 구성하며 든든한 우군을 확보했고, CBS에 배타적이던 지역 교계의 분위기 또한 점차 우호적으로 바꿀 수 있었다. 이 모든 과정은 열악한 환경 위에 **간절함**이 더해져 전화위복이 된 결과였다.

간절함은 기적을 부르는 씨앗이다. 불가능해 보이는 상황 속에서도 끝내 길을 찾아내는 힘이 바로 간절함이다. 실패했을 때 간절한 사람은 다시 일어설 방법을 찾는다. 반면 간절하지 않은 사람은 환경을 탓하며 그 자리에 주저앉는다. 주저앉고 싶을수록 마음속 깊은 곳에 숨겨둔 간절함을 끄집어내 불씨로 삼아야 한다. **간절함이 없다면 이룰 것도 없다.** 가슴 깊이 간직한 꿈이 있다면 간절함으로 그 문을 두드려야 한다. 그때 비로소 닫혀 있던 문이 서서히 열리는 경험을 하게 될 것이다.

> **질문 25** 꿈을 안고 간절한 마음을 품어 본 일이 있나요?

2. 인내는 무기다, 참을 줄 알아야 버틴다

"참을성은 쓰지만, 그 열매는 달다."

- 장 자크 루소(Jean-Jacques Rousseau)

우리는 흔히 인내를 단순히 '참는 것'으로 이해한다. 그러나 인내는 감정을 억누르는 소극적 태도에서 끝나지 않는다. **인내란 내가 옳다고 믿는 가치를 포기하지 않되, 억지로 밀어붙이지도 않는 절제의 미학이다.** 상대의 주장과 감정을 존중하며 진심이 전달될 때까지 기다릴 줄 아는 지혜이기도 하다. 때로는 침묵 속에서 자신을 내려놓는 용기이며 오해에서 비롯된 비난까지도 감수한 채 묵묵히 자리를 지키는 품격이다.

인내는 수동적인 행동이 아니다. 오히려 강한 의지가 응축된 **능동적인 고요**에 가깝다. 지금은 말할 때가 아니라는 것을 알아차리고 입을 다무는 통찰이다. 억울함이 목까지 차올라도 끝내 토해내지 않는 절제다. 인간관계와 조직 속에서 인내는 가장 고된 훈련이자

동시에 가장 강력한 무기다.

인재를 얻기 위해 유비는 난양에 은거하던 제갈량의 초가집을 세 번이나 찾아갔다. 우리가 흔히 말하는 삼고초려다. 큰일을 이루기 위해 인내가 필요하다는 사실을 상징적으로 보여주는 고사다. 울산 본부장으로 발령받아 내려온 나 역시, 속된 말로 맨땅에 헤딩해야 하는 암담한 현실 앞에 서 있었다. 경영의 실타래를 풀기 위해 그 열쇠를 쥐고 있는 인물을 찾아 나섰다.

울산에 내려와 가장 놀랐던 사실은 TV 로컬 프로그램 18개 띠 가운데 실제로 판매되고 있는 것이 고작 2개뿐이라는 점이었다. 복음 화율이 낮고 교계 협조가 부족하다 해도 이건 지나치다 싶었다. 울산에서 교인 수와 규모 면에서 장자교회 역할을 하는 곳이 울산교회다. 그런 교회조차 TV 설교에 참여하지 않는데 다른 교회들이 나설 리 없었다. 자연스럽게 한 사람의 이름이 떠올랐다. 울산교회 담임목사이자 CBS 본사 이사이기도 한 **정근두 목사님**이었다. 해답은 분명했다. 이분을 설득하는 일이 울산 CBS 경영의 출발점이었다.

전략을 실행에 옮기기 위해 새벽 기도회에 참석했다. 부목사님이 설교했고 담임목사님은 보이지 않았다. 다음 날도 마찬가지였다. 김쌍용 집사님께 여쭈어봤다. 당뇨가 심해 설교 도중 쓰러진 이후로 새벽 예배에 나오지 않는다는 이야기를 들었다. 교회가 아닌 집으로 찾아뵈야 했다. 토요일 오전 선물을 들고 목사님 댁을 찾았다. 울산 시내가 아닌 울주군의 한적한 시골 마을이었다. 첫 방문에서 목사님의 반응은 호의적이지 않았다. 오히려 CBS의 존재 자체를 의문시하는 질문이 쏟아졌다.

기대를 품고 목사님을 찾아갔지만, 너무도 냉담한 반응

"울산에 CBS가 왜 필요합니까?"

"CBS의 정체성은 뭡니까?"

"극동방송이 있는데, 굳이 CBS가 있어야 하나요?"

질문은 날카로웠고 대화는 1시간을 훌쩍 넘겼다. 나는 차분히 답했고, 마지막에는 정중히 도움을 요청했다. 그러나 목사님의 반응은 미지근했다. 다음 주에도, 그다음 주에도 같은 시간, 같은 방식으로 찾아뵈었다. 놀랍게도 질문은 거의 변하지 않았다. 똑같은 질문을 다시 듣는 순간 당황스러웠다. '혹시 나를 시험하는 걸까?'라는 생각이 들었다. 하지만 나는 인내했다. 질문이 반복될수록 답변은 더 단단해졌고 설명은 점점 깊어졌다. 네 번째 방문했을 때 또다시 같은 질문만 해서 솔직히 마음속에서 화가 치밀었다. 그런데도 "인내는 연단을, 연단은 소망을 이룬다."라는 말씀을 붙들며 마음을 다잡았다.

그리고 마침내 인내 끝에 응답받을 수 있었다.

목사님은 본인이 사용할 수 있는 연간 활동비 가운데 남은 700
만 원 범위 안에서 CBS TV 설교에 참여하겠다고 말씀하셨다. 그
한마디에, 그동안 짓눌려 있던 마음의 먹구름이 걷히는 듯했다. 더
놀라운 것은 거기서 끝이 아니었다. 다른 목사님들에게도 CBS를
도와달라고 직접 권하겠다고 했다. TV 설교에 참여할 만한 목사님
들의 명단과 연락처까지 요청하기도 했다.

그 순간 나는 속으로 생각했다. 이것은 유비의 삼고초려가 아니
라, **이열범의 사고초려의 승리**라고 생각했다. 천하를 얻은 것처럼
기뻤다. 울산 CBS 경영의 맥이 바로 여기에 있다고 보았는데, 그
막힌 혈이 마침내 뚫린 느낌이었다. 정근두 목사님으로부터 신뢰를
얻자, '나비 효과'가 일어났다. 지역 교계와의 소통이 트이기 시작했
고, 교회들과의 거리도 서서히 좁혀졌다.

협상의 결과는 인내심의 결과다

사실 그전까지 울산 지역 교계는 CBS를 '배신의 방송'으로 낙인
찍고 있었다. 2004년 울산 CBS 개국 이전, 지역 교계는 기독교방
송 설립을 위해 헌금까지 모으며 큰 기대를 걸었다. 그러나 개국을
준비하던 도중 본사 방침으로 갑작스럽게 설립이 중단되었다. 그로

인한 울산 교계의 상처는 깊었다. 그 틈을 타 극동방송이 울산에 먼저 개국을 하는 바람에 교계의 신뢰는 완전히 그쪽으로 기울었다. 이후 CBS가 뒤늦게 개국했지만 이미 배반자로 낙인찍힌 뒤였다. 내가 울산 CBS 대표로 내려갔을 때도 그 냉기는 여전했다. 그래서 울산 교계의 큰 어른인 정근두 목사님을 설득하는 일이야말로 경영의 핵심이라고 판단했다. 결국 인내로 그 문을 열어냈다. 울산에 처음 발을 디뎠을 때의 싸늘한 공기가 서서히 온기로 바뀌었다. 그 사실만으로도 절반의 성공은 이루어 냈다고 자부했다.

인내는 인간관계를 지키는 마지막 보루다. 갈등의 순간, 가장 먼저 무너지는 것은 기다림이다. 기다리지 못하면 상대가 나를 이해하고 마음을 돌릴 기회를 빼앗게 된다. 상처를 치유하고 관계를 회복하려면 반드시 시간이 필요하다. 인내는 서로에게 그 시간을 선물하는 일이다. 울산에서의 나날은 하루하루가 전투였다. 광주에서 CBS가 신뢰와 환영의 대상이었다면, 울산에서는 그 반대였다. 울산 남부교회를 방문했을 때 모 장로로부터 "CBS는 빨갱이 방송이다. 여기 왜 왔느냐?"라는 말을 들은 적도 있다. 분노와 억울함이 치밀었지만, 나는 참았다. 나를 억누르고 견뎌내야 했다. 그리고 조용히 CBS의 정체성과 존재 이유를 다시 새기며 한 걸음씩 거리를 좁혀갔다.

돌아보면 그 순간 할 수 있었던 **최고의 선택**은 맞서 싸우는 것이 아니라 참고 버티는 것이었다. 그 버팀의 다른 이름이 바로 인내였다. 진실은 서두르지 않는다. 그래서 참을 줄 알아야 한다. 그 시간을 견뎌낸 사람만이 변화를 만들어 낸다. 인내는 단순한 기다림이 아니다. 상대를 이해하고, 변화의 시간을 창출하는 **능동적인 결단**이다. 조급함을 누르고 억울함을 삼키며 묵묵히 견뎌낸 시간이 결국 마음을 얻었고 희망을 선물했다. 모든 관계와 모든 일의 시작과 끝에는 인내가 필요하다. **인내는 무기다.** 흔들림 없이 버텨낸 사람만이 끝내 꽃을 피운다. 참을 줄 아는 사람이 결국 이긴다.

질문 26 누군가 당신을 화나게 했을 때 얼마나 인내할 수 있나요?

3. 일확천금은 없다, 공짜도 없다

2014년 박근혜 전 대통령은 이른바 '통일 대박론'을 내놓았다. 그러나 대박을 이루기 위해 무엇을 어떻게 해야 하는지에 대한 과정과 실천 방안은 보이지 않았다. 장밋빛 미래만 제시했을 뿐 그에 따르는 희생과 노력 기다림에 대한 언급은 없었다. 대박은 말로 이루어지지 않는다. 어떤 성과든 그만큼의 투자와 뼈를 깎는 노력이 반드시 뒤따라야 한다.

통일은 혼자 이룰 수 있는 일이 아니다. 북한이라는 분명한 상대가 있다. 변화를 끌어내기 위해서는 긴 호흡의 인내와 기다림이 필요하다. 김대중 대통령의 햇볕정책을 통해 남북 교류가 이루어지고, 북한이 서서히 변화의 기미를 보이던 시절이 있었다. 이런 때일수록 더 조심스럽게 기다리며 신뢰를 쌓아야 했다. 그러나 통일 대박론은 햇볕 정책을 헐뜯기만 했을 뿐, 그에 상응하는 대안은 내놓지 못했다. 그 정도의 인내조차 없이 '대박'을 외치는 모습은 안타깝게 느껴졌다. 결국 선거가 끝나자 대박론은 흔적도 없이 사라졌다. 말뿐인 대박은 그렇게 허공으로 흩어졌다.

나 역시 한때 대박을 꿈꾼 적이 있다. 코스닥 시장이 뜨겁게 달아오르던 시절이다. 주변에서 오늘 몇 퍼센트 올랐다. 하루 만에 얼마를 벌었다. 라는 말들이 난무했다. 그런 이야기에 현혹되어 충분한 준비도 없이 주식 시장에 뛰어들었다. 하루에 10%씩 오르는 주식을 보며 은행에서 1년 동안 받아야 할 이자를 하루 만에 벌 수 있다는 대박이 머릿속을 스쳤다. 그러나 대박을 꿈꾸는 사람들은 하루에 1년 치 이자를 잃을 수도 있다는 사실은 생각하지 않는다. 결국 욕심이 화를 불렀다. 원금까지 모두 날리고 나서야 깨달았다. 대박이 아니라 쪽박이었다. 그 후로 나는 주식 시장에서 손을 뗐다.

지금도 묻지마 투자로 일확천금을 노리는 사람들이 적지 않다. 그러나 주식 투자로 꾸준히 성공하는 사람은 극소수에 불과하다. 개인 투자자의 대부분은 손실을 경험한다. 주식에서 성공하려면 밤을 새워 공부하고 수많은 시행착오를 견디며 오랜 시간을 투자해야 한다. 여기에 운까지 따라줘야 한다. 세상은 공짜로 대박을 허락할 만큼 만만하지 않다.

방송 사고에 대한 공포감

기술감독 시절, 주조정실 근무를 맡았던 때가 있다. 방송사 직원이라면 누구나 방송 사고에 대한 두려움을 안고 일한다. 그중에서도 기술을 담당하는 직원들은 방송 사고에 가장 가까이 노출되어 있다. 방송 사고는 곧 징계로 이어졌고, 그 압박은 늘 일상을 짓눌렀다. 기술감독은 초 단위로 시간과 싸워야 했다. 3초 이내의 무음은 사고가 아니지만, 3초를 넘기면 곧바로 방송 사고였다. 눈 깜짝할 사이에 지나가는 3초였지만, 청취자에게는 지루함으로 느껴지기에 충분했다.

잠깐의 방심이 곧 사고로 이어졌다. 뉴스 진행 중 시간을 잘못 계산해 방송을 너무 일찍 끊어 버린 적도 있었다. 3분을 먼저 끊는 바람에 광고를 반복해서 내보내며 시간을 메워야 했지만 역부족이었다. 뉴스는 대부분 생방송이기에 긴장감이 극에 달한다. 화면과 멘트가 맞지 않거나, 전화 연결이 끊어져 '뚜, 뚜' 소리만 흘러나오는 순간, 그 모든 책임은 고스란히 기술감독의 몫이었다. 생방송이 이어지는 동안 심리적 압박은 극심했고, 방송 사고는 늘 시한폭탄처럼 곁에 있었다.

지금은 많은 부분이 자동화되고 AI 시스템이 방송을 대신하지만, 당시에는 밤 10시 로컬뉴스가 끝나면 엔지니어 혼자 콘솔 앞에 앉아 새벽 2시까지 방송을 책임졌다. 애국가를 내보내고 장비를 정리한 뒤 숙직실에서 잠시 눈을 붙였다가, 새벽 4시 30분이면 다시 일어나 정규 방송을 시작했다. 잠이 쉽게 들지 않으면 뜬눈으로 밤을 새우는 날도 많았다. 결국 피로를 이기지 못해 방송 사고를 낸 적도 있었다. 밤을 새울 때마다 방송 사고에 대한 공포와 스트레스는 이루 말할 수 없었다.

모든 일에는 그에 상응하는 대가를 지급한다

어느 날은 방송을 마치고 숙직실에서 잠을 자는데, 꿈속에서 정전이 발생했다. 비상 발전기가 돌아가야 하는데 작동하지 않았다. 지하 발전실로 뛰어 내려가 수동으로 발전기를 돌리려 했지만, 소용이 없었다. 기름통을 열어보니 텅 비어 있었다. 급히 기름을 채웠는데, 그것이 기름이 아니라 물이었다. 물을 빼내고 다시 기름을 채우려 했지만, 배출구는 너무 작았고 시간은 속절없이 흘러갔다. 방송 사고 시간은 계속 늘어났고, 그 순간 놀라 눈을 떴다. 다행히도 현실 아닌 꿈이었다. 이마에는 식은땀이 흥건히 맺혀 있었다. 실제로 정전이 되었는데 비상 발전기 고장으로 큰 방송 사고가 난 사례가 있었다. 그런 방송 사고의 공포는 이처럼 꿈속에서도 생생하게 되살아났다.

겉으로 보기에 화려해 보이는 방송사 직원들. 그러나 그 이면에는 드러나지 않은 고통과 상처가 존재한다. 방송 사고에 대한 공포와 징계의 압박은 결국 건강까지도 위협하는 존재다. 그러함에도 불구하고 우리는 수만 명의 청취자와 시청자를 위해 책임감이라는 무게를 견디며 방송이라는 작품을 만들어 낸다. **화려함 뒤에는 언제나 어두운 그림자가 있다.** 희생과 고통이 버무려졌기에 시청자들은 그 결과를 누릴 수 있다. 역시 세상에는 공짜가 없다. 모든 성과는 반드시 그에 상응하는 대가를 치러야만 얻을 수 있다.

지난 직장생활을 돌아보면, 방송 사고라는 공포와 스트레스를 견뎌낸 시간이 켜켜이 쌓여 있다. 그 값비싼 경험들이 있었기에 나는 결국 지역 언론사 대표 자리까지 올 수 있었다. 지그 지글러는 『정상에서 만납시다』에서 사람들이 정상으로 가는 초고속 엘리베이터를 찾지만, 그런 엘리베이터는 존재하지 않는다고 말한다. 정상으로 가는 길에는 오직 계단만 있을 뿐이다. 한 계단 한 계단 묵묵히 오를 때에만 비로소 정상에 닿을 수 있다.

피겨 여왕 김연아 선수 역시 수천 번 넘어지고 엉덩방아를 찧으며 다시 일어선 끝에 정상에 섰다. 노력 없이 공짜로 얻은 영광은 아니었다. 정상은 말로 외친다고 오를 수 있는 자리가 아니다. 말과 행동이 일치하는 피나는 노력이 필요하다. 공짜도 마찬가지다. 누군가 아무 대가 없이 무언가를 주겠다고 할 때는 반드시 그 이면을 살펴야 한다. 물론 순수한 선의도 존재하지만, 그런 경우는 드물다.

받은 만큼 돌려주려는 마음가짐이 있을 때 관계는 오래간다.

우리의 삶에서 단번에 이룰 수 있는 것은 없다. 성실하게 쌓은 것만이 진짜 내 것이 된다. 돈도, 명예도, 실력도 모두 시간이 만들어낸 결과물이다. 그 시간을 대신 살아줄 사람은 없다. 한 걸음 한 걸음 정직하게 가는 길이 결국 가장 빠른 길이다. 세상은 달콤한 유혹이 가득하다. 그러나 거저 주는 공짜는 없고 일확천금도 없다. 땀과 시간이라는 과정을 통과한 사람만이 끝내 좋은 결실을 거둔다.

> **질문 27** 살면서 거저 주는 공짜는 없다는 사실을 얼마나 경험해 보셨나요?

4. 실패했다고 실패한 게 아니다

우리는 인생의 갈림길마다 크고 작은 선택을 하며 살아간다. 그 선택의 결과가 언제나 내가 바라는 방향으로 흘러가지는 않는다. 때로는 기대와 정반대의 결과가 나오기도 한다. 사람들은 이를 두고 '실패'라 부른다. 실패라는 단어는 마치 잘못된 인생의 길로 들어선 것처럼 고개를 떨구게 만든다. 또 패배자라는 낙인을 스스로 찍게 하기도 한다. 그런 결론에 나는 동의하지 않는다. 실패했다고 인생이 실패한 게 아니다. 단지 수많은 선택 중 하나의 결과이자, 도전의 과정에서 겪는 한 장면일 뿐이다.

2003년 6월 5일, CBS 재단 이사회는 CBS 대구방송 이정식 본부장을 사장으로 선출했다. 직원 출신 사장이 선임된 것은 1954년

CBS 설립 이후 처음 있는 일이었다. 여기까지 오는 데는 생명을 위협받는 아픔과 고통을 온몸으로 견뎌낸 노조원들 희생의 결과였다. 노조위원장 시절, 나는 사장의 무책임한 경영과 낙하산 인사의 문제점을 강하게 지적했다. 방송도, 경영도 모르는 목사가 내려와 회사를 좌지우지하는 구조는 CBS의 미래를 가로막고 있었기 때문이다. 책임감조차도 없는 경영진에게 우리의 삶과 조직의 운명을 맡길 수는 없었다. 이는 단지 한 사람의 문제가 아니라, 한국교회와 재단 이사회의 구조적 문제였고, 그 폐해는 고스란히 CBS에 쌓이고 있었다.

노조는 재단 이사회에 CBS 개혁을 요구했다. 그러나 이사회가 이를 받아들이지 않자, 우리는 CBS 역사상 최초의 합법적 파업에 돌입했다. 그 결과 노사 간 합의로 CBS 개혁안을 만들어 냈다. 하지만 합의안 잉크가 채 마르기도 전에 사측은 이를 일방적으로 파기했다. 합의문에 서명했던 사장은 아무런 권한도 힘도 없다는 증거였다. 모든 결정권은 재단 이사장이 쥐고 있었다. 법률이 보장하는 합법적 파업인데도 사측은 노조 집행부 21명에게 해고라는 중징계를 내렸다. 이 조치는 경영진의 무지와 독재라는 오만이 빚어낸 폭력이었다. 그 무지는 5년간의 긴 갈등으로 이어졌고 CBS 구성원 모두에게 깊은 상처를 남겼다. 그 아픔과 진통을 겪고 나서야 비로소 CBS는 개혁의 문턱을 넘을 수 있었다. 직원 대표가 참여하는 민주적인 사장 선출 제도가 마련되었다. 그 과정을 맨 앞에서 온몸으로 겪은 나로서는 감회가 남다를 수밖에 없었다.

노조위원장으로 개혁의 깃발을 들었지만, 결과만 놓고 보면 패배였다. 나와 함께 앞장서 파업을 이끌었던 부위원장, 사무국장 등 많은 동료가 징계받고, 회사를 떠났다. 각자의 길로 흩어지는 모습을 지켜보며 패배의 쓴맛을 깊이 삼켜야 했다. 그러나 빗방울이 바위를 뚫듯 시간은 결국 우리 편이 되었다. 우리가 꿈꾸던 민주적인 공개 선출 방식으로 직원 사장이 선임되었고 같은 공간에서 일하던 선배가 사장이 되었다. 그와 함께 회사를 떠났던 박호진 사무국장이 다시 CBS로 돌아왔다. 그동안 파업을 주도했던 위원장으로서 동료들이 회사를 떠나야 했던 현실 앞에서 늘 죄인의 마음으로 살아왔다. 그들이 떠난 자리에 홀로 남아있다는 사실이 마음을 짓눌렀다. 그런데 떠났던 동료가 다시 돌아오는 모습을 보며 그동안의 아픔이 조금은 위로받은 느낌이었다. 더군다나 이정식 사장은 나를 관리부장으로 임명했다. 이에 임명권자에게 실망을 줘서는 안 된다는 결심이 앞섰다. 휴일도 잊은 채 남들보다 더 많이 일했다. 그 결과 회사에 실질적인 성과를 안길 수 있었다. 물론 그 같은 성과를 내기까지 순탄한 것만은 아니었다.

노조위원장 임기를 마친 뒤 겨우 해고의 굴레를 벗고, 업무 정직

상태로 집에 머물던 시절, 유혹은 적지 않았다. 김대중 정부 시절, IT 산업이 급성장하며 전자공학과 출신인 나에게도 여러 제안이 들어왔다. 신문을 보고 해고 소식을 알았다며 함께 일하자는 연락도 있었다. 그러나 나는 모두 거절했다. CBS를 개혁해 반석 위에 올려놓겠다고 앞장섰던 내가 회사를 떠난다면, 그것은 하나님과의 약속을 저버리는 행위이자 동료들에 대한 배신이라 생각했다. 비록 함께 깃발을 들었던 부위원장들과 사무국장은 떠났지만, 나만큼은 남아 자리를 지켜야 했다. 그것이 내가 생각하는 의리였고 신념이었다.

업무에 복귀 후에도 불평할 틈은 없었다. 억울함이 없지 않았지만, 모든 것을 하나님의 뜻으로 받아들이며 일에만 몰두했다. 그런데도 진급 때마다 나는 번번이 누락 되었다. 실력이나 성과의 문제가 아니었다. 과거 사장 퇴진을 외쳤다는 선입견이 발목을 잡았다. 나를 추천하면 직속상관인 본부장 자신이 불이익을 당할까 두려워 진급자 명단에서 미리 뺐다. 오죽했으면 사장 퇴진을 주도했던 나를 사장이 직접 본부장에게 전화해 "왜 이열범은 매번 진급에서 빠지느냐?"라고 물을 정도였다. 그렇게 진급이 늦어지는 오랜 시간이 흘렀다. 이후 직원 출신 사장으로 바뀌며 조직 분위기가 달라졌다. 나 역시 진급의 기회를 얻어 더 큰 일을 맡을 수 있게 되었다.

돌이켜보면, 그 모든 시간은 하나님이 귀히 쓰기 위해 나를 단련하는 과정이었다. 관리국 관리부장으로 인사 발령을 받고, 관리국장이 공석인 동안 국장 직무를 대행했다. 노조위원장 시절, 회사의 경영 상태를 깊이 들여다본 경험은 큰 자산이 되었다. 회사의 구조와 흐름을 속속들이 알고 있었기에 새로운 업무에도 빠르게 적응할 수 있었다. 무엇보다 나를 믿고 추천해 준 사람에 대한 신의를 지키고 싶었다. 휴일에도 출근해 업무를 파악하며 나 자신을 준비된 리더로 단련해 나갔다.

실패는 또 다른 성장을 위한 진통 과정

노조위원장 시절은 내 인생에서 가장 치열하고도 외로운 시간이었다. 당시 CBS는 부채에 허덕이며 방향을 잃고 표류하고 있었다. 급여조차 제대로 지급되지 않는 상황에서 직원들은 희망을 잃어가고 있었다. 나는 노조위원장으로서 사장을 만나 비전 제시를 요구했지만, 거부당했다. CBS 호를 이끌 선장이 아니라고 판단해 파업을 선택했다. 결과적으로 사장을 축출해 내지 못해 실패라는 이름이 따라붙었다. 개인적으로도 뼈아픈 실패였다. 그것은 내 개인의 실패가 아니라, CBS가 성장하기 위해 겪어야 했던 성장통이라 믿었다. 그 믿음은 시간이 흘러 현실이 되었다. 재단 이사회는 마음을 바꾸어 민주적인 사장 선출 시스템을 도입했다. 그 결과 고 이정식 사장을 시작으로, 이재천 사장, 한용길 사장, 김진오 사장, 그리고 현 나이영 사장까지 직원 사장이 이어졌다. 우리가 흘린 눈물과 상처는 헛되지 않았다.

실패했다고 실패한 것은 아니다. 당시의 결과만 보면 해고와 정직이라는 중징계는 분명 패배였다. 그러나 그 싸움은 방향을 바꾸는 전환점이 되었고 우리가 진정 원하던 미래를 여는 씨앗이 되었다. 어떤 선택은 당장 빛나지 않을 수 있다. 그러나 진심으로 감당한 도전은 시간을 지나야 열매를 맺는다. **실패는 끝이 아니라 변화의 시작이다.** 상처로 남는 순간일지라도 그 안에 담긴 의미를 붙잡는 사람만이 다음 길을 열 수 있다. 두려움 앞에서 물러서지 말고 신념과 의리를 끝까지 지켜라. 결국 진심은 자기 자신의 앞길을 밝히는 빛이 된다.

질문 28   당신은 실패 이후 어떤 마음 자세를 취하나요?

5. 두려워도 괜찮다, 일단 해봐라

무언가를 처음 시작할 때, 누구나 두렵고 떨린다. 나도 예외는 아니었다. 말로는 늘 스스로 "할 수 있다. 해보자."라고 다짐했지만, 마음 깊은 곳에서는 "괜히 시작했다가 실패하면 어쩌지!"라는 불안이 고개를 들곤 했다. 돌이켜보면 결과를 얻기까지 가장 큰 장벽은 외부의 조건이 아니라 내 안의 두려움이었다. 도전은 늘 내면에서 시작되는 싸움이었다.

내 인생의 전환점마다 두려움은 어김없이 함께했다. CBS에 처음 입사해 출근하던 날도, 관리국이라는 새로운 부서에 발령받았을 때도 마찬가지였다. 가보지 않은 길에 첫발을 내딛는 순간마다 두려움은 앞을 가로막았다. 그런데도 선택의 갈림길에 설 때면 나는 늘 같은 결론에 이르렀다. **멈추기보다는 앞으로 나아가자. 돌아서기보다**

는 부딪쳐 보자.

관리국에 발령받고 맞은 첫 월요일, 이른 아침 국실장회의에 처음 참석했다. 사장님은 갑자기 CBS 전체 재산 목록을 말해보라고 질문했다. 관리국을 맡은 이상, 그 정도는 당연히 알고 있어야 한다고 생각했다. 휴일에도 사무실에 나와 재산 목록을 하나하나 확인하며 머릿속에 새겨 두었다. 떨리는 마음을 가다듬고 재산 목록을 막힘없이 읊었다. 심지어 소화기의 개수는 물론, 사용 가능한 것과 교체가 필요한 것까지 구분해 설명하자 사장님의 얼굴에 미소가 번졌다.

"앞선 관리국장들은 몇 년을 근무해도 모르던 내용인데, 맡은 지 사흘 만에 다 파악했네."

그 한마디 칭찬은 두려움을 밀어내고 자신감을 채워주었다. 처음 회의에 참석하며 느꼈던 긴장과 불안은 철저한 준비를 통해 스스로 이겨낼 수 있었다.

2주 뒤, 국실장회의 시간에 사장님은 또 다른 시험을 했다. 한 주간의 업무 보고와 향후 계획을 설명하던 중이었다. 사장님은 나를 바라보며 "관리국에서 가수들 초청해서 공연 하나 맡아보지."

평소 도전을 마다하지 않는 나였지만, 한 번도 해보지 않은 공연을 맡으라니 솔직히 겁이 났다. 더욱이 공연을 담당하는 부서가 따로 있는데 나더러 해보라고 하니 당황스럽기까지 했다. 그런데도 망설일 틈도 없이 "네, 알겠습니다."라는 말이 먼저 나왔다.

한 번도 해보지 않은 낯선 일일수록
두려움을 떨쳐내야 성공한다

막상 공연을 준비하려니 무엇부터 해야 할지 막막했다. 그날 이후로 공연에 관한 공부를 시작했다. TV를 켜도 공연 관련 프로그램만 골라 봤고, 음악 프로그램을 맡은 PD에게 가수 섭외에 관해 물었다. 광고 담당자에게는 협찬을 따내는 과정과 요령을 배웠다. 그렇게 하나씩 퍼즐을 맞추며 공연 기획안을 만들었다. '12시에 만납시다'를 맡은 강기영 PD의 도움으로 가수 8명을 섭외했고, 무대 설치와 음향, 조명 비용까지 계산해 준비를 마쳤다. 공연 장소는 CBS 광장으로 정했다. 이제 남은 과제는 사장님이 내게 이 일을 맡긴 의도를 충족시키는 것이었다. 결국 관건은 협찬이었다. 가능한 많은 협찬을 유치해 큰 매출과 수익을 만들어야 했다.

본사에 올라온 지 채 한 달도 되지 않은 상황에서 협찬은 쉽지 않았다. 고민 끝에 강병희 팀장과 상의해 양천구청을 최대 협찬처로 삼았다. 전략도 없이 일단 부딪쳐 보기로 했다. 민원과장을 만나 문화체육과장을 소개받았다. 두 사람을 점심에 초대해 공연 취지나

목적 등을 설명했다. 협찬 이야기를 꺼내자 반응은 나쁘지 않았다. 그러나 5,000만 원의 협찬금을 제안하자 표정이 굳어졌다. 그들은 300만 원 정도를 생각하고 나왔다고 솔직히 털어놓았다.

사실 내 목표는 3,000만 원이었다. 그들과 협상할 여지를 남기려고 일부러 더 큰 금액을 제시했다. 나는 당황하는 그들에게 제안을 윈윈전략으로 바꿨다. 이번 행사를 CBS 행사가 아니라 양천구민 행사로 하자고 했다. CBS는 기획과 무대를 제공하고, 양천구가 행사 주최하는 형식이었다. 여기에 덧붙여 "MBC나 KBS에서 했다면 1~2억은 들 행사"라며 구청장과 구민이 만날 수 있는 기회를 CBS가 만들어 주겠다고 설득했다. 그제야 상대의 눈빛이 달라졌다. 즉답은 하지 않았지만, 구청장에게 보고한 뒤 답을 주겠다고 했다.

그림을 그릴 때 가장 큰 것부터
그리고 작은 순으로 그리면 쉽다

결과는 성공이었다. 목표했던 3,000만 원의 협찬을 받아냈다. 큰 금액 하나가 붙자 마음이 한결 가벼워졌다. 이후 양천구 내 여러 기관을 찾아다니며 1,000만 원, 500만 원 단위의 협찬을 추가로 유치해 총 1억 3,500만 원의 매출을 올렸다. 비용은 3,000만 원도 들지 않았다. 협찬 수수료를 받을 수도 있었지만, 나와 강병희 팀장은 단 한 푼도 챙기지 않고 모두 회사 수입으로 돌렸다. 그 결과 매출 대비 80%라는 높은 수익률을 기록했다. 국실장회의에서 "지금까지 회사 공연 중 최고 수익률"이라는 사장님의 평가를 들었다. 처음이라는 두려움을 딛고 도전하며 나아간 선택이 틀리지 않았음을 실감했다.

공연이 열린 'CBS 광장'이라는 이름도 그때 처음 생겼다. 원래는 아무 이름도 없는 공간이었다. 나는 그 장소를 선점하듯 'CBS 광장'이라 명명했다. 이후 그곳에서 열린 첫 야외 공연을 시작으로, 그 공간은 자연스럽게 CBS 광장으로 불리게 되었다. 땅의 소유가 중요한 것이 아니라, 먼저 이름을 붙이고 의미를 부여하는 것이 중요했다.

공연을 한 번도 해보지 않은 내가 덜컥 맡겠다고 했을 때, 두려움이 없었다면 거짓말이다. 어디서부터 풀어야 할지 막막했다. 그래서 용기를 내 무작정 부딪쳤다. **부딪치는 과정에서 답을 찾았고**, 경험은 곧 자신감으로 바뀌었다. 일이 풀리기 시작하자 두려움은 서서히 사라졌지만, 처음 해보는 일인 만큼 긴장의 끈만큼은 끝까지 놓지 않았다.

살다 보면 예상치 못한 순간에 감당하기 어려워 보이는 일이 맡겨질 때가 있다. 관리국에서의 경험이 그랬다. 특히 공연을 진행하는 일은 가장 낯설고 부담스러웠다. 나는 공연 전문가도 아니었고, 무대 · 조명 · 음향에 대해 아는 것도 없었다. 그러나 공연 하나가 완성되기까지 필요한 수많은 과정을 직접 겪으며 배웠다. 두려움 속에서도 한 걸음 내디뎠었기에 가능한 일이었다.

도전 앞에서 두려움은 자연스러운 감정이다. 중요한 것은 그 두려움을 이유로 멈추느냐, 아니면 두려움을 안고서 한 발 내딛느냐다. 해보지 않은 일일수록 더 준비하고 더 부딪치며 배워야 한다. 그러다 보면 어느새 "할 수 있다."라는 확신이 나를 채운다. 두려워도 괜찮다. 일단 해보라. 해보는 사람만이 성장하고 자신의 길을 만들어 간다.

한 번도 해보지 않은 일에 마주하면 당신은 도전 정신이 발동하나요, 겁부터 나나요?

6. 부당한 상황에 침묵하지 말라

> "악이 승리하는 데 필요한 조건은 선한
> 사람들이 아무것도 하지 않는 것뿐이다."
>
> — 에드먼드 버크(Edmund Burke)

상식으로는 도저히 이해할 수 없고, 말도 안 되는 상황과 마주할 때가 있다. 그런 일을 직접 당하거나 바로 곁에서 목격하게 되면 누구나 당황하기 마련이다. 차라리 눈을 감고 고개를 돌려 모른 척하고 싶을 때도 있다. 괜히 나섰다가 불이익을 당하는 건 아닐지, 다들 침묵인데 나 혼자 문제를 제기하면 괜히 낙인찍히지나 않을지 이런 생각들이 머릿속을 스친다. 그러나 아무리 외면하려 해도 끝내 우리를 붙잡는 것이 있다. 그것은 바로 **양심**이다.

양심은 인간만이 가진 마지막 보루이며, 정의가 아직 살아 있음을 증명하는 내면의 목소리다.

우리는 종종 그 목소리를 애써 외면한다. 두려움과 비굴함이 진실의 발목을 붙잡기 때문이다. 그러나 침묵은 결단코 중립이 아니다. 침묵은 결과적으로 부당함을 용인하는 선택이 되고 만다.

나 역시 그런 갈등의 순간을 수없이 지나왔다. 지금도 또렷이 기억에 남아있는 일이 전북 CBS 본부장으로 재직하던 시절에 있었다. 33년간 조직 생활에서 수도 없이 들은 말이 있다. "인사가 만사다."

그만큼 인사가 중요하다는 뜻이다. 인사는 잘해도 불만이고, 못해도 불만으로 모두를 만족시킬 수 없는 영역이기도 하다. 그만큼 인사는 냉혹한 현실을 담고 있는 말이기도 하다. 그렇다고 해서 인사권자가 자기 입맛이나 개인적 호불호에 따라 인사를 단행한다면 그 조직은 결코 건강하게 운영될 수 없다.

현장에서 뛰는 부서장들의 판단과 지역의 특수한 사정, 구성원들의 신뢰와 분위기를 종합해 최대한 객관적인 시각으로 결정해야 한다. 전북 **보도국장 교체** 시기가 다가왔을 때, 나는 깊은 고민 끝에 결론을 내렸다. 지역 사정과 보도국 내부 분위기 등 여러 의견을 종합해 도상진 부장을 차기 보도국장으로 임명해 달라고 본사에 건의했다.

최종 인사권자는 사장이다.

그러나 예상치 못한 벽에 부딪혔다. 상무와 경영본부장이 나서서 "도상진은 절대 안 된다."라고 잘라 말했다. 이유를 물었더니, 사장이 그 직원을 개인적으로 몹시 싫어해 이균형 부장을 보도국장으로 시키라고 했다는 것이었다. 나는 전북 직원들과 본사 고위 간부들 사이에 끼어 이러지도 저러지도 못한 채 깊은 고뇌에 빠졌다. 며칠을 끙끙 앓던 중, 성경 에스더서의 한 구절이 떠올랐다. "죽으면 죽으리라." 당시 에스더가 왕 앞에 나서는 것은 목숨을 건 도박과도 같은 일이었다. 왕비일지라도 여자가 왕 앞에 나서는 것은 엄격하게 제한되어 사형에 처할 수도 있었기 때문이다. 그런데도 에스더는 민족을 살리기 위해 죽음을 각오하고 왕을 만났다.

그 순간, 나는 에스더가 처한 상황에 비하면 아무것도 아니라는 생각에 결심했다. 사장을 직접 만나 담판을 짓겠다고. 비서실에 면담을 신청하고 본사로 올라갔다.

옳은 일에는 결연한 의지만이
목적을 달성한다

나는 차분하지만 단호하게 말했다. "전북 사정은 제가 누구보다 잘 압니다. 이번에는 도상진 기자를 보도국장으로 임명해 주십시오. 그리고 다음 인사에서 사장님께서 원하시는 이균형 기자를 발령 내는 것이 순리이며, 하나님의 뜻이라고 생각합니다."

사장님은 도상진 기자의 문제점을 하나하나 열거하며 완강히 반대했다.

나도 물러서지 않았다. "그렇다면 6개월만이라도 그에게 기회를 주십시오. 그래도 아니라고 판단되면 그때 교체하셔도 늦지 않습니다." 설득은 쉽지 않았다. 나는 배수진을 쳤다. "저는 '죽으면 죽으리라'라는 심정으로 이 자리에 왔습니다. 도상진 기자를 보도국장으로 임명하지 않으신다면 저 역시 전북본부장직을 내려놓겠습니다."

나의 결연한 의지 표명에 나와 사장님 사이에 무거운 침묵이 흘렀다.

결국 사장님은 조건을 달았다. "그 대신, 전북에서 흑자를 많이 내야 합니다."

그러고는 "6개월은 짧으니 1년간 지켜봅시다." 그렇게 내 제안은 받아들여졌다.

리더가 한 번 내린 결정을 스스로 꺾는 일은 결단코 쉽지 않다.

조건을 달았다고는 하지만, 회사를 위해 자신의 판단을 일부 내려놓고 상대의 의견을 수용한 사장님의 결단은 존중받아 마땅하다. 나 역시 더 큰 책임감으로 흑자를 확대하며 그 신뢰에 보답했다.

이 경험을 통해 나는 확신하게 되었다. 부당하다고 판단되는 순간, 죽음을 각오하고서라도 직언해야 한다. 그래야 자신도 살고, 상관도 살며, 조직도 살아난다.

역사를 돌아봐도 마찬가지다. 보수를 자처했던 정권의 대통령들이 비극적인 결말을 맞이한 이유는 대부분 곁에 제대로 된 참모가 없었기 때문이다. 권력자의 판단이 잘못될 때 목숨을 걸고라도 바른말을 할 사람이 필요했다. 윤석열 정부 역시 다르지 않았다.

대통령은 특정 진영의 대통령이 아니라 대한민국 국민 모두의 대통령이다.

그런데도 국민의 절반 이상을 적으로 돌리고 끝내 계엄령이라는 극단적 선택으로 내란에 이르고 말았다. 그 과정에서 죽음을 무릅쓰고 대통령을 설득한 참모는 단 1명도 보이지 않았다. 성경에는 단 1명의 의인이 없어서 소돔과 고모라가 멸망했다는 이야기가 나온다.

그 시대에 단 1명의 의인만 있었더라도 불의한 결정은 막을 수 있었을 것이다.

이는 CBS도 예외가 아니다. 사장 곁에 있는 상무와 경영본부장은 눈치만 보는 관리자가 아니라 잘못된 판단 앞에서는 "그것은 옳지 않습니다."라고 말할 수 있는 참모여야 한다.

'지록위마(指鹿爲馬)' 사슴을 가리켜 말이라고 했던 고사는 오늘날에도 유효하다. 진실 앞에서 침묵한 자, 목숨을 걸고 진실을 말한 자, 살기 위해 거짓에 동조한 자. 그 세 부류는 지금도 조직과 사회 곳곳에 존재하고 있다. 사슴과 말을 구분 못 하는 척했던 신하처럼, 콩과 보리를 구분 못 하는 숙맥이 되는 순간, 우리는 이미 진실을 저버린 것이다. 부당한 상황에서의 침묵은 중립처럼 보일 수 있다.

그러나 침묵은 방관이며, 방관은 결국 악의 편이다. 정의는 누군가의 용기 있는 한마디에서 시작된다. 모두가 눈을 감을 때, 단 한 사람의 외침이 조직을 살리고 역사를 바꾼다.

양심은 인간에게만 주어진 마지막 보루다. 그 양심의 소리를 외면하지 말라. 침묵은 비겁함이며, 용기 있는 발언만이 세상을 조금씩 앞으로 나아가게 한다. 부당한 상황 앞에서 침묵하지 말라. 진실은 외면한다고 사라지지 않는다. 누군가 입을 여는 순간, 변화는 시작된다.

성경은 말한다.

"만일 이 사람들이 침묵하면 돌들이 소리 지르리라."

(누가복음 19:39)

질문 30   당신은 양심이 허락하지 않는 일을 보고도 침묵하지는 않았나요?

7. 의리를 지켜라, 버팀목이 된다

"진정한 친구는 모든 것을 잃었을 때도
곁에 남아있는 사람이다."

— 랠프 월도 에머슨
(Ralph Waldo Emerson)

어느 날, 고흐가 창가에 앉아 무심코 길을 오가는 행인들을 바라보고 있었다.

그중 한 사람이 물건을 포장했던 천으로 만든 옷을 입고 오는데 그 옷에는 Breakable(잘 깨짐)이라는 글자가 적혀 있었다. 그 문구를 본 고흐는 문득 "아하, 사람은 참으로 깨지기 쉬운 존재로구나."

잠시 뒤 그 사람의 등이 보였는데, 이번에는 Be Careful(취급 주의)이라는 글자가 눈에 들어왔다. 그 순간 고흐는 "그래, 사람은 무엇보다도 조심스럽게 다루어야 할 존재구나."라고 생각을 했다.

이 이야기는 비단 고흐만의 깨달음이 아니다. 나 역시 살아오며, 사람이 그 어떤 사물보다도 연약해서 그만큼 더 세심하게 다루어야 할 존재라는 사실을 수없이 경험해 왔다. 서운한 말 한마디, 무심코 던진 한 문장이 오랜 관계를 산산이 깨뜨리기도 한다. 인간관계란 마치 얇은 살얼음판을 걷는 것과 같다.

조심하지 않으면 금세 금이 가고, 순식간에 물속으로 빠지고 만다. 특히 가까운 관계일수록 "이 정도쯤이야." 하는 방심이 더 큰 상처를 남긴다. 그런데도 세월이 지나도 깨지지 않고 오히려 시간이 흐를수록 더 단단해지는 관계가 있다. 마음과 마음이 통할 때 가능해진다. 나는 그 힘을 의리라고 부른다. 누구나 기대고 싶고 의지하고 싶은 마음이 있다. 이때 의리를 지키는 사람만이 그 사람 버팀목이 되어준다.

며칠 전 광주에 사는 유원이 친구가 붕어즙 한 상자를 보내왔다. 나는 어머니로부터 물려받은 B형 간염 보균자다. 그 때문에 붕어즙이 간에 좋다고 보내온 것이다. 또 목동에 사는 서인이 친구는 간에 좋다며 효모액을 한 병 보내주었다. 한수 친구는 내 건강을 생각해서 친구들에게 "열범이에게 술은 절대 권하지 말라."라고 늘 당부한다. 사실 병마로부터 자기 몸을 지키기도 힘든데 친구의 몸까지 챙긴다는 것이 쉬운 일이 아니다. 친구들의 이 같은 모습은 의리에서 생긴 행동이다. 가족보다 더 가까운 친구라는 말이 괜히 나온 말이 아니다. 이는 의리의 친구를 두고 한 말이라고 단정할 수 있겠다.

그래서 지금까지도 늘 함께하며 하루가 멀다고 만나는 의리의 친구 이야기를 꺼내 본다.

중학교에 입학하자 내가 다녔던 삼서남초등학교 출신 학생들은 4km 걸어서 학교에 다녀야 했다. 더욱이 나는 그 무렵 집이 장성 삼서에서 광주 광산구로 이사하며 남들보다 두 배나 먼 길을 통학해야 했다. 그 때문에 3학년 후반기에는 친구 한수와 함께 학교 근처에 방을 얻어 자취하기도 했다. 부모님은 가까운 학교로 전학을 권했지만, 친구들과 헤어지고 싶지 않았다. 친구와 헤어지는 일이 의리 없는 행동이라 생각했기 때문이다. 그래서 나는 8km나 되는 비포장 시골길을 자전거로 통학했다.

학교로 가는 중간 지점에 요한이 친구가 살고 있었다. 나는 요한이 집에 들러 요한이를 자전거 뒤에 태우고 비가 오나, 눈이 오나 함께 등교했다. 어느 날은 세찬 눈보라를 정면으로 맞닥뜨리며 학교에서 집으로 향했다. 다음 날 아침 오른쪽 뺨과 목이 동상에 걸려 뻘겋게 부었다.

파스를 붙이고 평상시처럼 자전거를 몰아 요한이를 태우러 갔다. 그도 나와 같은 위치에 파스를 붙이고 집 앞에서 나를 기다리고 서 있었다. 우리는 서로의 얼굴을 보며 껄껄 웃었다. 말하지 않아도 서로는 통했기에 이처럼 말없이 웃기도 하고 또 말없이 울기도 했다.

고등학교에 입학해서도 우리는 월산동 같은 동네에 살며 단 한 번의 다툼도 없이 쌍둥이처럼 붙어 다녔다. 이후 그는 서울로, 나는 광주에서 계속 머물렀기에 마음의 거리는 멀어지지 않았지만, 자주 얼굴 보기는 어려웠다.

시간이 흘러 IMF 외환 위기로 모두가 벼랑 끝에 몰리던 어느 날, 오랜만에 그를 만났다.

저녁을 함께하고 나는 강남터미널에서 심야 버스로 광주에 내려갈 생각이었다. 그는 "오늘 우리 집에서 자고 내일 내려가라."라고 말하며 내 손을 붙잡았다. 결국 친구 집으로 갔는데 문을 열고 들어서는 순간, 나는 말문이 막혔다. 반지하 단칸방에 부부와 아이 둘, 네 식구가 살고 있었다.

장롱이 방 절반을 차지하고 있어 겨우 두 사람이 누울 공간밖에 없었다.

시골에서 부모님이 올라오실 때 친구는 여름에는 병원 벤치에서 잠을 청해야 했고, 겨울이면 온 가족이 옆으로 눕는 '칼잠'을 잤다고 했다.

초라한 모습까지도 보여주고
서로 허물이 없어야 의리의 친구다

그의 아내는 내가 들어오자 말없이 밖으로 나가 버렸다. 나는 더 이상 그 자리에 있을 수 없어 여관이라도 잡아 함께 자자고 했다.

그때 친구는 "너, 내 친구 맞지? 그럼 아무 말 말고 여기서 같이 자자." 그 말 앞에서 나는 아무런 대답도 할 수 없었다.

결국 우리는 아이들을 눕히고, 어른 셋이 다리만 뻗은 채 장롱에 등을 기대고 새우잠을 잤다.

그날 밤, 나는 친구를 위해 아무것도 해줄 수 없다는 사실이 가슴을 후벼 팠다. 나 역시 집안 형에게 사기를 당하고 형편이 어렵던 시기였기 때문이다.

광주로 내려오는 버스 안에서 몇 번이나 울음을 꿀꺽꿀꺽 삼켜야 했다. 집에 도착해 아내에게 친구 이야기를 했더니, 쌀이라도 한 가마니 팔아주고 오지 왜 그냥 왔냐며 오히려 내게 핀잔을 주었다.

보통의 친구였다면 그런 삶을 보여주지 않았을 것이다. 보통의 나라면 그 방에서 자지 않았을 것이다. 그러나 우리는 가장 초라한 모습까지도 서로에게 숨기지 않는 사이였다. 사실 친구는 IMF라는 한파로 사업장이 부도를 맞고 거리로 내몰리는 신세가 되어 그토록 힘든 시간을 보내고 있었다.

그 후 친구는 밤낮없이 궂은일을 가리지 않고 일했다. 결국 빚을 모두 갚고 수서역 근처에 아파트를 마련했다. 나 역시 사기를 당하며 수많은 시련을 지나 다시 안정된 삶을 살아가고 있다.

요즘 친구는 전국에 흩어져 있던 초등학교와 중학교 동창들을 카톡방으로 불러들여 서로 소식을 전하게 하고 있다. 그 덕분에 우리는 여전히 어린 시절로 돌아가 웃고 떠들며 지내고 있다. 나이를 먹어갈수록 허물없이 웃을 수 있는 친구가 있다는 것이 얼마나 큰 축복인지 새삼 깨닫는다. 그런데도 어떤 친구들은 요한이를 비난한다. 과유불급이라고 너무 나서기 때문이다.

의리란 달면 삼키고 쓰면 뱉는 관계가 아니다. 지난해 여름 물에 빠진 친구를 구하려다 자신은 죽고 친구는 살았다는 뉴스를 접했다. 이처럼 친구를 위해 물에 빠질 수도 있는 행동이 의리다.

사람은 깨지기 쉬운 존재다. 그러나 의리가 있는 관계는 깨지지 않고, 오히려 더 단단해진다. 어려운 시절에 곁을 지켜준 의리야말로 인생을 끝까지 버티게 하는 가장 강력한 힘이다. 내 건강도 챙기기 힘든데 친구의 건강까지 살피는 친구에게 그 누가 의리를 저버릴 수 있겠는가.

의리를 지켜라. 그 의리가 결국 사람을 살리고, 자기 자신을 지켜주는 든든한 버팀목이 된다.

질문 31) 당신이 물에 빠졌을 때 목숨 걸고 물에 뛰어들 의리의 친구가 있나요?

8. 자연의 힘에 도전하지 마라

해와 달이 뜨고 지며, 꽃이 피고 또 지는 평범한 일상 안에는 우주의 질서가 숨어 있다. 인간은 그 질서의 한가운데서 살아가는 존재다. 하늘은 인간이 도전해 이겨야 할 상대가 아니다. 자연은 우리가 거슬러야 할 대상이 아니라, 품고 살아가야 할 어머니와 같은 존재다. 그러나 인간은 오래전부터 자연을 넘어서려 했다. 발전이라는 이름 아래 강을 막고, 산을 깎고, 바다를 메웠다. 공장과 도로에서 쏟아내는 매연은 지구를 점점 뜨겁게 만들었다. 사계절의 경계는 흐려지고, 여름과 겨울만이 극단적으로 두드러진다. 그 결과 생태계는 무너지고 환경은 회복하기 어려운 상처를 입고 있다. 자연은 정복의 대상이 아니다. 가족처럼 더불어 살아가야 할 존재다.

섬에서의 생활은 생각보다 육지와 크게 다르지 않았다. 사람 사는 곳인 만큼 있을 것은 다 있었고, 일상에서 불편함을 느낄 일도 많지 않았다. 다만 1가지 예외가 있었다. 육지와 섬을 잇는 유일한 교통수단이 배라는 점이었다. 태풍이 불면 모든 것이 멈춰 섰다.

거금도에서 근무하던 시절, 토요일 오전 근무를 마치면 배를 타고 녹동항으로 나와 버스를 갈아타고 광주의 집으로 향하곤 했다. 일요일 오후가 되면 다시 섬으로 돌아오는 생활이 반복됐다.

어느 토요일 오후, 친구의 소개로 광주에서 한 여인을 만나기로 약속이 잡혔다. 첫 만남이라 마음이 설렜다. 오전 근무를 마치고 광주로 나가기 위해 선착장에서 배를 기다렸지만, 아무리 기다려도 배는 오지 않았다. 표 판매원에게서 태풍으로 인해 모든 배가 결항 됐다는 말을 들었다. 섬에서 살면서 태풍 때문에 육지로 나가지 못한 적이 단 한 번도 없었기에 더욱 당황스러웠다. 하필이면 중요한 약속이 있는 날이었다. 약속을 어길 수 없다는 마음에 여기저기 수소문했지만, 방법은 없었다. 거대한 자연의 힘 앞에서 인간은 속수무책일 수밖에 없었다. 그제야 나는 섬사람들이 일상적으로 감내해야 하는 불편함을 몸으로 실감했다.

KBS에 근무하던 대학 동기에게서 들은 이야기였다. 동료 아나운서가 성격 좋고 유머 감각 있는 남자를 소개해 달라고 했고, 그가 떠올린 단 한 사람이 바로 나였다고 했다. 나 역시 혼기가 찬 터라 결혼을 염두에 두고 있었고, 그렇게 그날의 약속이 잡혀있었다. 스마트폰이 없던 시절이라 개인적으로 연락할 방법이 없었다. 약속 시간이 되어 복천다방에 전화를 걸어 이름을 대며 바꿔 달라고 했다. 평소 약속을 생명처럼 소중히 여겼던 나로서는 미안함을 감출 수 없었다. 태풍으로 발이 묶여 나갈 수 없다고, 정말 죄송하다고 전했다. 다행히 그녀는 천재지변인데 열범 씨 탓이 아니지 않느냐라며 오히려 나를 위로했고, 다음 주말에 만나자고 했다.

일주일이 유난히 더디게 흘렀다. 마침내 다시 약속한 토요일이 되었지만, 지난주보다 더 강한 태풍이 또다시 나의 발목을 붙잡았다. 두 번 연속 약속을 지키지 못하게 되자, 미안하다는 말조차 꺼내기 어려웠다. 그런데도 약속 시간에 맞춰 또 전화를 걸었다. 태풍을 핑계로 삼는 것조차 면목이 없다고 솔직히 말했다. 그녀의 목소리는 단호했다. "이건 하늘이 우리 만남을 반대하는 것 같네요. 인연이 아닌가 봐요."

그렇게 우리의 인연은 시작도 제대로 해보지 못한 채 끝이 났다.

인간의 힘만 믿고 자연에 도전하지 마라

그 후로도 섬에서 2년을 더 지냈지만, 토요일에 배가 뜨지 못해 육지로 나가지 못한 일은 그때 말고는 기억에 없다. 더구나 두 주 연속 결항 된 경우는 단 한 번도 없었다. 확률로 따지자면 만날 가능성은 100%에 가까웠고, 못 만날 가능성은 거의 없었다. 그러나 현실은 그 반대였다.

그녀의 말대로 하늘이 반대하면 어떤 쉬운 일도 성공하기 어렵고, 하늘이 허락하면 어떤 불리한 조건에도 성공할 수 있다. 따라서 인간의 힘으로 결과를 단정하거나, 욕심으로 하늘의 뜻을 거스르려 해서는 안 된다. 겸손한 마음으로 **도전하되, 자연에 순응할 줄 아는 태도가 가장 지혜로운 삶의 자세다.**

1987년, 시산도에 근무하던 직원이 대전에서 2주간 교육을 받게 되어 내가 대신 그곳으로 파견 근무를 나갔다. 하필 그 기간에 태풍 '셀마'가 우리나라에 상륙했다. 전국적으로 막대한 인명과 재산 피해가 발생했고, 시산도는 행정 전화마저 끊겨 피해 상황조차 보고할 수 없는 상태였다.

답답한 마음에 출장소장이 전화국사로 찾아와 전화를 고쳐 달라고 간곡히 부탁했다. 행정 전화는 내 소관이 아니었지만, 함께 출장소로 향했다. 전화기 자체에는 문제가 없었고, 40m 철탑 위에 설치된 송수신 안테나의 방향이 강풍에 틀어져 있었다. 문제는 바람이 너무 거세 철탑에 오르는 것이 위험해 보였다. 어렵겠다고 말했지만, 소장은 거듭 부탁했다. 나는 "한번 올라가 보겠다."라고 말하고 말았다.

10m쯤 올랐을 때부터 바람은 상상을 초월했다. 손을 놓을 수 없을 만큼 강했고, 철탑은 금방이라도 쓰러질 듯 흔들렸다. 내려가고 싶었지만, 약속을 어길 수 없었다. 매미처럼 철탑에 몸을 밀착한 채, 바람이 잦아들기를 기다렸다. 잠시 바람이 약해지면 한 칸씩, 한 칸씩 위로 올라갔다. 그렇게 어렵사리 정상에 도달했지만, 손을 떼고 공구를 꺼낼 수조차 없었다. 잠깐의 실수로 추락으로 이어질 상황이었다.

시간만 흐르고 바람은 더 거세졌으며, 어느새 어둠이 내려앉았다. 끝내 포기하고 내려올 수밖에 없었다. 내려오는 데도 쉽지 않아 겨우 내려왔다. 주민들에게 도움을 주고 싶었는데 그러지 못해 아쉬움과 미안함이 겹쳤다. 강한 바람 때문에 눈앞의 문제를 해결하지 못한 억울함도 남았다.

내려와서 거친 파도를 바라보며 비로소 깨달았다. 인간이 아무리 선한 의도를 가지고 계획을 세워도, 하늘이 허락하지 않으면 아무것도 할 수 없다는 사실을 말이다. 봉사의 마음조차 자연은 허락하지 않았다. 그나마 무사히 내려온 것에 감사해야 했다.

그날 이후 나는 확신하게 되었다. 두려움을 떨치고 도전하는 용기는 필요하지만, 자연을 굴복시키겠다는 오만한 도전은 인간의 몫이 아니라는 것을. 인간이 자연 앞에서 할 수 있는 일은 기다림과 순응뿐이다. 뜻대로 되지 않는 일에는 그 나름의 하늘 뜻이 담겨있을지도 모른다. 자연을 거스르는 사람은 언젠가 자연으로부터 혹독한 대가를 치를 수도 있다.

태풍이라는 자연을 온몸으로 마주하며, 나는 두 번의 분명한 패배를 경험했다. 꼭 지키고 싶었던 약속도, 꼭 베풀고 싶었던 도움도 하늘이 허락하지 않으니 이루어지지 않았다. 그 어떤 기술과 용기 역시 자연 앞에서는 무력했다. 그 경험을 통해 나는 배웠다.

인간은 자연 앞에서는 한없이 겸손해야 한다는 것을.

억지로 밀어붙이기보다 기다릴 줄 아는 지혜, 바람이 불면 잠잠해질 때까지 견디는 인내, 때로는 실패조차 받아들이는 겸허함이 필요하다. 인간은 자연 앞에서 아주 작은 존재다. 그러니 자연의 힘에 도전하지 마라. 자연의 질서를 따를 때, 하늘은 인간을 가장 따뜻하게 품어 준다.

> **질문 32** 언제 자연의 힘에 압도당해 본 사실이 있나요?

리더는
1%의 가능성을
현실로 만든다

1. 나보다 조직을 먼저 생각하라

"개인의 성공은 조직의 성공 위에
세워질 때 가장 오래 간다."

— 피터 드러커(Peter F. Drucker)

직장생활을 하다 보면, 조직이 마치 나 한 사람만의 성공을 위해 존재하는 것처럼 착각하는 경우가 있다. 그러나 조직은 개인의 출세만을 위한 무대가 아니다. 조직이 건강해야 그 안에 속한 개인도 함께 성장할 수 있다. 조직이 없다면 나 역시 존재할 수 없다.

조직이 나를 위해 무엇을 해줄지 기대하기보다, 내가 조직을 위해 무엇을 할 수 있는지 먼저 고민하는 게 옳다. 동료는 경쟁자가 아니라 동반자다. 함께 조직을 성장시키고 발전시켜야 할 존재다. 개인의 욕망이 앞서 상대를 짓밟고 내가 우위에 서려 한다면, 조직도 무너지고 자신도 무너진다는 사실을 잊지 말아야 한다.

한때 노조위원장으로 일하며 직원들이 월급을 제때 받지 못하는 현실을 지켜봐야 했다. 아무리 성실하게 일해도 급여가 밀리면 삶 전체가 흔들린다. 가장으로서, 생활인으로서 자존감까지 무너지는 일이다. 그 모습을 바라보며 나는 마음속으로 다짐했다. '언젠가 내가 경영 실무를 맡게 된다면, 적어도 급여만큼은 반드시 제때 지급되는 구조를 만들겠다.'

그 후 관리부장을 맡게 되었다. 관리부 수익 구조는 대부분 임대료에 의존하고 있었다. 매출을 늘려 회사에 보탬이 되고, 직원들이 마음 놓고 월급을 받을 수 있는 길이 무엇일지 고민이 깊어졌다. 노조위원장 시절부터 품어온 문제의식이었기에 간절함은 더 컸다.

건물을 관리하며 매일 계단을 오르내리고 주변을 살피던 중, 1층의 높은 공간이 눈에 들어왔다. '이 공간을 잘 활용하면 길이 있지 않을까.' 마침 강병희 팀장이 1층 공간을 반으로 나누어 층을 하나 더 만드는 복층화 제안서를 가져왔다. 회사 매출은 물론 건물 가치도 높일 수 있는 발상이다.

기존 사무실 용도로 사용되던 공간을 상가로 전환하고 층이 하나 더 늘어난다면 임대료 상승은 분명했다. 문제는 비용이었다. 당시 회사에는 부채가 많았고, 매달 나가는 이자 부담도 상당했다. 돈을 들이지 않고 성과를 내야만 했다. 해답은 '투자'였다. 정부가 재정이 부족할 때 민간 투자를 활용하듯, CBS는 자본 대신 임대 업자를 투자자로 활용했다. 회사는 단 한 푼도 들이지 않고 20층 건물을 21층으로 만들었다. 더욱이 1·2층이 상가로 용도 변경되어 평당 300만 원 하던 임대료 공간이 3,000만 원 공간으로 바뀌며 임대 수입은 눈에 띄게 증가했다. 물론 이 모든 것이 저절로 이루어진 것은 아니다. 증축 허가를 받아내기 위해 나는 백방으로 뛰었다. 간절함이 없었다면 중도에 포기했을 일이다. 건설교통부, 서울시, 양천구를 오가며 문을 두드렸지만, 기관들은 서로 책임을 떠넘기며 핑퐁 게임만 이어갔다. '복층화 증축 프로젝트'의 책임을 맡은 나는 속만 태웠다.

속이 타들어 갈수록 간절함은 깊어만 갔다. 양천구 건설 국장을 직접 찾아가 몇 번이고 설득에 나섰다. 이제 제발 찾아오지 말라고 나를 피해도 포기하지 않고 국장실 입구 대기실에서 기다리다 만났다. 건축 행정은 해석에 따라 가능과 불가능이 갈리는 영역이다. 공무원들은 복잡하고 부담스러운 사안일수록 부정적인 판단을 먼저 한다. 귀찮을 정도로 반복해서 찾아간 어느 날 마침내 담당자의 입에서 "가능한 방법이 하나 있긴 합니다만….''이라는 말이 나왔다. 그 실마리를 놓치지 않고 끈질긴 설득 끝에 복잡한 절차를 밟아 결국 허가를 받아냈다.

세상에 큰 이익을 안겨주는 일 가운데 쉬운 일은 하나도 없다. 그런데도 어떤 이들은 이 성과를 아무나 할 수 있는 일처럼 깎아내렸다. 공이 커질수록 시기와 질투는 따라오기 마련이다. 자기 일에는 충실하지 못하면서 남의 성과를 평가절하하는 사람들은 자격지심에 사로잡힌 사람들이다.

"관리부장이었으니 가능했겠지." 심지어 "공사해서 집 샀다, 차를 샀다."라는 식의 악의적인 소문까지 퍼뜨렸다. 사실과 전혀 다른 말들이었지만, 상처는 깊었다.

콜럼버스가 신대륙을 발견했을 때도 마찬가지였다. 지구가 둥글다는 믿음으로 항해에 나서 수많은 고난 끝에 아메리카에 도착했지만, 사람들은 그의 도전을 시기했다. 달걀을 세워보라던 일화처럼, 결과를 본 뒤에는 누구나 쉽게 말한다. 처음 시도하는 일은 언제나 어렵다. 알고 나면 쉬워 보일 뿐이다. 발상의 전환을 통해 성과를 만들어 내는 사람은 결단코 남이 해낸 결과를 두고 비판하지 않는다.

목동 한복판에서 단 한 푼도 들이지 않고 천여 평의 상가 임대 공간을 만들어 낸 일은 결코 작은 성과가 아니었다. 높은 공간을 나누어 새로운 가치를 창출하는 발상은 누구나 할 수 있는 일이 아니다. 이미 완성된 결과를 보며 "그건 쉬운 일이다."라고 말하는 것은 염세주의자들이나 할 짓이다.

전문 분야는 전문가에게 맡겨라

증축을 마친 뒤 나는 다시 지하 공간으로 눈을 돌렸다. 지하상가는 장사가 되지 않아 공실이 늘어나고 있었다. 인근 신축 건물인 파라곤 지하상가로 손님이 몰린 탓이었다. 임대료 인상은커녕 유지도 어려운 상황이었다. 리모델링이 필요했다. 결단은 쉽지 않았다. 기존 상가를 모두 정리하고, 지하 전체를 통으로 비워 새로운 임차인을 찾는 모험이었다. 당분간 임대료 수입은 '제로'가 된다. 기도하며 길을 찾았지만, 찾아오는 이들은 대부분 사기꾼이거나 조건에 맞지 않는 사람들이었다. 2,000평 가까운 공간을 비워 둔 채 몇 달이 흘렀고, 직원들마저 나를 원망의 눈초리로 바라봐 매일같이 마음만 타들어 갔다.

뭐든 전문가가 있는 법, 지하 임대를 결국 전문가에게 맡기기로 했다. 임대 전문가는 교보문고를 제안했다. 조건도 합리적이었고, 우리나라 최대 서점이 입주한다면 건물의 위상도 달라질 것이 분명했다. 그렇게 교보문고와 임대차 계약을 체결했다. 결과는 놀라웠다. 지하상가는 완전히 다른 공간으로 탈바꿈했다. 파라곤으로만 향하던 발길이 CBS 지하로 몰려들었다. 건물 전체가 살아 움직이듯 활기를 띠었고, 건물 가치는 급상승했다. 물론 관리부 매출 또한 크게 상승했다. 그제야 나는 안심하고 크게 웃을 수 있었고 직원 모두가 기뻐했다.

노조위원장 시절에도, 관리부장을 맡았을 때도, 지역 본부를 책임질 때도 내 기준은 한결같았다. 개인의 이익보다 회사의 생존과 성장을 먼저 생각했다. 지금도 그 선택을 자랑스럽게 여긴다.

반면 조직보다 자신의 성공을 앞세운 사람들은 결국 고립되었고, 끝내 회사를 떠났다. 조직보다 내 성공이 우선인 사람은 결단코 오래 살아남지 못한다. 그러나 나를 낮추고 조직을 먼저 살리면, 조직도 살고 나 역시 끝까지 살아남는다. 성공은 혼자 질주하는 자동차 경주가 아니다. 함께 만들어 가는 과정의 결과다. 조직이 잘되면, 개인의 성공은 자연스럽게 따라온다. 그러니 나 자신에게 계속 물어야 한다.

"조직을 위해 나는 지금 무엇을 하고 있는가?"

질문 33 **당신의 성공을 위해 조직이 먼저인가 내가 먼저인가?**

2. 시스템 없이 비전 없다

비전을 품은 사람은 멀리 내다본다. 높은 곳을 바라보며 앞으로 나아간다. 그러나 그 비전이 현실이 되기 위해서는 반드시 **시스템이라는 토양**이 필요하다. 아무리 좋은 씨앗이라도 밭이 없으면 자라지 못하듯, 실행할 구조가 없는 비전은 허공에 흩어지는 꿈에 불과하다.

컴퓨터를 떠올려 보라. 하드웨어만 있고 소프트웨어가 없다면 그것은 단지 고철 덩어리에 지나지 않는다. 조직도 마찬가지다. 사람과 열정만 있고 시스템이 없다면 오래 버틸 수 없다.

2013년 2월, 울산 CBS 본부장으로 발령받았을 때였다. 개국한 지 10년이 지났지만, 조직은 여전히 초창기 수준을 벗어나지 못하고 있었다. 방송을 운영할 최소한의 인력조차 갖추지 못한 상태였고, 시스템이라 부를 만한 구조는 어디에도 없었다. 업무는 개인의 성향과 기분에 따라 흘러갔고, 기준도 책임도 불분명했다. 위기에 대한 대응 체계는 전무했고, 방송 경영과 운영은 주먹구구식이었다. 작은 충격에도 휘청거리는 바람 앞의 촛불 같은 조직이었다.

그 취약성은 한 사건을 통해 적나라하게 드러났다. 한청희 총무국장이 규정을 근거로 선교 활동비를 현금 대신 카드로 사용하라고 지시했다. 박창호 보도제작국장이 이에 반발해 선교 업무를 맡던 김유리 아나운서의 업무를 중단시킨 것이다. 아나운서가 주 업무라 보조 업무인 선교 업무를 거부해도 마땅히 제재할 방법은 없었다.

문제는 방송국 내에서 목회자들과 소통하며 선교 업무를 감당할 수 있는 사람이 사실상 그 1명뿐이었다는 점이다. 선교 업무가 멈추자 교회 방문, 방송 참여, 후원회 모집까지 모두 차질을 빚었다.

CBS는 언론과 선교, 두 날개로 날아야 하는 조직이다. 그런데 한쪽 날개가 꺾이자 제대로 날 수 없게 되었다. 시스템 없는 조직이 얼마나 쉽게 흔들리는지 보여주는 단적인 사례였다.

전임 본부장이 매출을 올리기 위해 서울에서 광고를 유치시키며 최선을 다했다는 사실을 알 수 있었다. 시스템이 없는 상태에서는 그 같은 노력조차 무의미해 전국 최하위의 경영 실적이라는 결과를 남겼다. 그 결과 본부장은 교체되었고, 그 자리에 내가 오게 되었다는 사실을 부임해서 알았다.

문제는 사람이 아니라 **구조**였다. 직원들의 의욕은 넘쳤지만, 이를 지속 가능하게 만들 토대가 없었다. 나는 단기 실적보다 장기적인 안정을 택하기로 결단했다. 내가 떠난 뒤에도 누가 와서 운영하든 조직이 굴러갈 수 있는 시스템을 만드는 일이 시급한 과제였다.

첫째, 언론의 기본에 충실하기 위해 **기자를 충원**했다. 출입처를 늘리고 지역 뉴스를 강화해 로컬 언론으로서의 정체성을 분명히 했다.

둘째, 선교 기능을 강화하기 위해 **카메라 기사를 채용**했다. 교회 행사와 교계 뉴스를 적극적으로 취재해 본사로 송고하며 선교 보도의 축을 세웠다.

셋째, 교회를 전담할 **사목 제도를 도입**했다. CBS에 등을 돌렸던 울산 지역 교회들과의 관계 회복이 절실했지만, 이를 담당할 전문 인력이 하나도 없었다. 대명교회 우기봉 목사를 전국 최초로 명예 사목으로 위촉했다. 그는 매주 지역 목회자들을 방송국으로 초청해 말씀을 전하도록 했고, 그 과정에서 멀어졌던 교회와 목사님들이 다시 CBS의 우군으로 돌아왔다. 언론과 선교라는 두 날개가 비로소 균형을 갖추기 시작했다.

넷째, **시민기자단을 창설**했다. 우기봉 목사의 제안으로 각 교회에 시민기자 추천을 요청했고, 약 150명이 모였다. 부족한 인력을 보완하는 동시에 울산 땅에 깊이 뿌리내릴 수 있는 인적 기반을 만드는 작업이었다. 시민기자단의 기독교 정신과 CBS 정체성 교육을 내가 맡았고, 기사 작성은 반웅규 기자, 촬영과 편집은 이상준 팀장, 방송 활용과 조직 관리는 김유리 아나운서가 담당했다. 조직은 본부장 직속으로 두어 책임과 권한을 명확히 했다.

나는 2년 뒤면 떠나지만, 이들은 울산에 남는다. 이들이야말로 울산 CBS의 기초이자 미래였다. 시민기자들은 방송의 소비자인 동시에 생산자였다. 사과 씨앗 하나를 씨로만 보지 않고, 수백 개의 열매를 맺을 나무로 바라보는 시선이 필요했다. 나는 시민기자단에서 울산 CBS의 장래를 보았다.

다섯째, 시민기자단을 지원할 10명의 **목회자를 시민기자단 국장으로 임명**했다. 시민기자들은 자원봉사자였지만 활동에는 비용이 필요했다. 각 목회자가 10여 명의 시민기자를 책임지고 후원하도록 했고, 이들 국장은 본부장인 내가 직접 관리했다.

여섯째, **운영이사회를 새롭게 구성**했다. 재정을 안정적으로 뒷받침할 구조가 필요했기 때문이다. 김성원 총무이사와 울산 전역을 다니며 사회적 신망이 있는 인사들을 운영 이사로 모시는 작업을 했다. 이로써 시스템 퍼즐이 어느 정도 맞춰지는 순간이었다.

다만 아쉬운 점은 시스템이 정착되기 위해 시간이 필요하다는 것이었다. 씨앗은 뿌렸지만, 열매를 맺기까지는 아직 시간이 더 필요했다. 그러나 시스템의 마지막 퍼즐을 맞춰가느라 새로 임명된 이사들에게 임명장을 수여하는 상황에서 뜻밖의 황당한 소식을 접해야 했다. 새로운 사장이 취임하며 현지 사정을 고려하지 않은 채 나를 본사 선교위원으로 발령 냈다.

시스템은 이제 막 뿌리를 내리기 시작했을 뿐인데, 정착시키지 못하고 울산을 떠나야 했다. 최근 울산 총무국장에게서 여전히 울산이 어렵다는 소식을 들었다. 이유는 단순했다. 어렵게 만들어 놓은 시스템이 후임 본부장에 의해 모두 폐지되었기 때문이다. 그래서 울산에서의 시간은 지금도 아쉬움이 크게 남는다.

시스템을 만드는 일은 당장 성과로 나타나지 않는다. 그래서 많은 리더가 기다리지 못하고 결과부터 요구한다. 그러나 나는 울산 CBS의 먼 장래를 위해 열매보다 씨앗을 선택했다. 그 선택은 지금도 후회하지 않는다. 비전은 사람을 움직이지만, 시스템은 조직을 오래 지탱하게 한다. 아무리 좋은 뜻이 있어도 구조가 없으면 반복되지 못한다. 시스템이란 좋은 뜻을 평범한 일상으로 만들고, 위기 속에서도 흔들리지 않게 하는 힘이다. 울산에서의 시간은 바닥을 다지며 씨를 뿌리던 시기였다. 가장 고단했고 외로웠지만, 동시에 가장 의미 있는 시간이었다.

후배들에게, 그리고 미래의 리더들에게 이 말을 꼭 전하고 싶다.

삶을 바꾸고 싶은가. 세상을 변화시키고 싶은가. 그렇다면 먼저 시스템을 만들어라.

뿌리 없는 나무가 오래 서 있을 수 없듯, 시스템 없는 비전은 결코 지속될 수 없다.

시스템 없이 비전은 없다.

질문 34 **당신이 속한 조직이나 단체에 시스템이 작동하는가?**

3. 먼저 주고 돌려받는 설득의 힘

사람의 마음을 움직이는 일만큼 어려운 일도 없다. 경험을 통해 나는 그 사실을 뼈저리게 깨달았다. 아무리 옳은 말을 하고, 아무리 좋은 논리를 내세워도 상대의 마음에 닿지 않으면 그 말은 공허한 메아리에 불과했다. 이 진리를 가장 먼저 체감한 대상은 다름 아닌 아내와 자녀들이었다. 가장 가까운 사람을 설득하는 일이 오히려 더 어려웠다.

설득은 말의 문제가 아니라 **상대의 마음 상태를 읽는 일**이라는 사실을 그때 알았다. 상대가 어떤 감정에 놓여 있는지를 먼저 파악해야 한다. 상대가 무엇을 두려워하고 무엇을 바라는지 헤아리지 못한 채 툭툭 던지는 말은 벽에 부딪혀 되돌아올 뿐이다. 그러나 당시의 나는 설득에 서툴렀고, 사람의 심리를 읽는 눈도 부족했다. 반복되는 실패 속에서 마음 깊은 곳에서부터 1가지 갈증이 생겨났다.

'도대체 사람의 마음은 어떻게 움직이는 걸까.'

그 갈증이 나를 한 권의 책 앞으로 이끌었다. 로버트 치알디니가 쓴 『설득의 심리학』이었다. 이 책을 읽으며 설득은 단순한 화술이 아니라 **사람을 이해하는 고도의 기술이자 종합 예술**로 인식하게 되었다. 인간은 이성적 존재인 듯 보이지만, 실제로는 감정과 심리에 의해 움직여진다. 또 그 심리에는 일정한 원칙이 작동한다는 사실을 처음으로 체계적으로 이해하게 되었다.

그중에서도 가장 강렬하게 다가온 개념은 '**상호성의 원칙**'이었다. 인간은 누군가로부터 무엇인가를 받으면 본능적으로 마음의 빚을 진다. 그리고 그 빚은 언젠가 반드시 갚고자 하는 충동으로 이어진다. 단순하지만 강력한 이 원칙은 이후 나의 경영 철학이자 설득의 핵심이 되었다.

경영 역시 사람의 마음을 다루는 일이다. 그래서 경영에는 반드시 '맥'이 있다. 그 맥을 제대로 짚지 못하면 아무리 애를 써도 성과는 나오지 않는다. 전남 CBS 대표로 발령받았을 때, 가장 먼저 고민한 것도 '경영의 맥'이었다. 전남 CBS는 설립된 지 5년밖에 되지 않은 신생 방송국이었다. 지역민과 교인들을 CBS 청취자로, 더 나아가 우리의 아군으로 만드는 일이 시급한 과제였다. 전남 지역의

복음화율은 40%에 육박했지만, CBS는 여전히 낯선 존재였다. 교회로 찾아가 교인을 CBS의 주인으로 참여하도록 만드는 일이 무엇보다 중요했다.

CBS의 주인이 된다는 것은 곧 CBS에 관심을 보인다는 뜻이고, 관심은 청취자로 이어진다. 비록 적은 금액일지라도 매달 후원하는 순간, 그 사람은 CBS를 자신의 방송국으로 받아들이게 된다. 청취율과 후원이라는 두 마리 토끼를 동시에 잡을 수 있는 길은 분명, 존재해 보였다. 그러나 문제는 방법이었다.

무작정 손 내밀어 후원을 요청할 수는 없었다. 그때 떠오른 성경 말씀이 있었다.

(마태복음 7장 12절)

『설득의 심리학』 저자 치알디니 역시 성경 말씀과 비슷한 결론에 이른다. 먼저 작은 호의를 베풀면, 사람은 마음의 빚을 느끼고 이후의 요청에 훨씬 관대해진다는 것이다.

우군으로 만들려면 무엇을 줄 수 있을까

CBS가 대접받고 싶다면, 우리가 먼저 대접해야 했다. 그렇다면 교인들에게 무엇을 줄 수 있을까. 고민 끝에 떠올린 해답이 바로 소년소녀합창단이었다. 아이들이 노래와 춤으로 전하는 찬양과 메시지. 그것은 계산되지 않은 순수한 선물이었고, 교인들의 마음을 열기에 가장 좋은 매개체였다. 손자, 손녀를 바라보는 듯한 따뜻한 시선 속에서 우리는 그분들의 마음에 자연스레 다가갈 수 있을 것이라 확신했다.

부임 후 경영 상태를 살펴보니, 전남 CBS는 개국 이래 매년 적자를 면치 못하고 있었다. 나는 직원들 앞에서 선언했다. "3년 안에 매출 두 배의 방송으로 키우겠다." 그 약속을 가능하게 할 열쇠가 바로 소년소녀합창단이었다.

정수빈 선교 국장을 방으로 불러 합창단 창단 계획을 설명했다. 아이들에게는 꿈을, 지역민에게는 감동을 전하고 싶다며 도움을 요청했다. 계획을 실행에 옮기고자 공개모집을 했다. 예상보다 많은 지원자가 몰려들었다. 경쟁률이 높아 엄격한 기준으로 오디션을 진행해 공정하게 합격자를 선발했다.

그 과정에서 안타까운 일도 겪어야 했다. 친한 목사님으로부터 청탁을 받았지만, 원칙을 지키느라 청탁을 거부하며 목사님과 서운

한 관계가 되기도 했다. 또 자매가 함께 지원했는데 동생만 합격하고 언니는 탈락했다. 언니가 상심한 나머지 울면서 밥도 먹지 않고 학교도 가지 안 하겠다고 고집을 부리는 통에 달래느라 애를 먹기도 했다. 이와 같은 우여곡절을 거쳐 2008년 5월 31일, **전남 CBS 소년소녀합창단**이 공식 출범했다.

단장으로는 기독백화점을 운영하는 김양숙 권사를 임명했다. 기대 이상으로 헌신적이었고, 아이들에게 꿈과 자긍심을 심어주기에 부족함이 없었다. 아이들은 찬양과 율동으로 지역 곳곳을 누비며 희망의 메시지를 전했다. 전남 CBS가 지역사회와 연결되는 새로운 통로가 열렸다.

합창단은 빠르게 성장했다. 공연할 작품과 프로그램을 체계적으로 준비했고, 이들이 교회와 기관을 방문할 때마다 감동의 물결이 일었다. 전남 지역에서 최고의 합창단으로 입소문이 났고, 멀리 강원도 등 다른 지역까지 원정 공연을 다녀야 할 만큼 인기를 끌었다.

사람의 마음은 정직하다. 이렇게 정성 어린 공연을 무료로 보고도 아무 반응 없이 돌아가기란 쉽지 않다. 공연을 본 이들은 자연스럽게 마음의 빚을 느꼈다. 그때 CBS 후원 카드를 건네면 많은 이들이 기꺼이 후원자가 되었다. 후원자는 곧 주인이 되었고, 주인은 적극적인 청취자가 되었다. 소년소녀합창단은 설득의 심리학이 현실에서 구현된 살아 있는 사례였다.

직원 수는 적었지만, 수많은 후원자가 직원의 역할을 대신했다. 매달 몇천 원에서 몇만 원을 후원하는 이들은 CBS의 홍보대사가 되었고, 전남 CBS의 위상은 눈에 띄게 높아졌다. 직원들의 사기도 함께 올라갔고, 그 결과 부임 첫해에 적자였던 회사를 흑자로 전환하는 성과를 이루었다.

경영의 맥을 정확히 짚었다. 먼저 주고, 그로 인해 마음의 빚을 만들고, 그 빚이 자발적인 참여로 돌아오게 하는 구조. 소년소녀합창단은 단순한 문화사업이 아니라, **사람의 마음을 움직이는 설득의 시스템**이었다.

설득은 상대를 이기는 기술이 아니다. 상대가 스스로 움직이도록 돕는 과정이다. 내가 누군가를 움직이고 싶다면, 먼저 다가가야 한다. 먼저 마음을 열고, 먼저 무언가를 내어주어야 한다. 그것이 물질이든, 정성이든, 배려든 상관이 없다. 사람은 받으면 갚고 싶어 한다. 그 마음의 빚은 언젠가 행동으로 돌아온다. 그래서 나는 오늘도 사람을 대할 때 이렇게 자문한다. '무엇을 얻을 수 있을까'가 아니라, '무엇을 줄 수 있을까.' 그 질문 하나가 관계를 만들고, 신뢰를 쌓고, 조직을 움직인다.

설득은 말재주가 아니라 **진심과 배려의 누적**이다. 먼저 다가가고, 먼저 베풀라. 그러면 사람의 마음은 반드시 열린다. 그것이 내가 경험으로 배운 가장 강력하고도 가장 인간적인 설득의 힘이다.

제5장 리더는 1%의 가능성을 현실로 만든다

235

4. 위기에도 무너지지 않는 힘

> "사람의 위대함은 위기를 피하는 데
> 있지 않고, 위기 속에서 어떻게
> 행동하느냐에 있다."
>
> — 빅터 프랭클(Viktor E. Frankl)

포천 CC에서 직장 동료들과 골프를 치고 서울로 돌아오는 길이었다. 이른 새벽부터 움직였고, 30도를 훌쩍 넘는 불볕더위 속에서 5시간 넘게 필드를 걸어 다녔다. 점심을 먹자마자 곧장 운전대를 잡았으니 졸음이 몰려오는 것도 무리는 아니었다. 더욱이 박용수 상무가 타고 있었는데 용산역에서 광주로 내려가야 했다. 정해진 열차 시간에 맞춰야 했기에 나는 졸음을 억지로 참으며 운전했다.

포천에서 서울 시내로 들어오기 전까지는 어떻게든 버텼다. 하지만 홍문동 터널 부근에 이르자 정체가 시작됐다. 차들이 멈췄다 서기를 반복하자 졸음은 더욱 거세졌다. 허벅지를 꼬집고 정신을 차리려 애썼지만, 졸음을 이길 재간은 없었다. 순간적으로 깜빡 졸았고, 앞 차를 박고 말았다. 그 충격에 정신이 번쩍 들었다. 그렇게 쏟아지던 졸음은 그제야 말끔히 사라졌다.

앞차 조수석에 타고 있던 여성분이 먼저 내려 목을 감싸 쥐고 차 밖으로 걸어 나왔다. TV에서 교통사고 보험 광고 장면과 너무도 흡사했다. '아, 제대로 걸렸구나.' 하는 마음에 가슴이 철렁 내려앉았다.

내가 차에서 내리자 앞차 운전자도 차에서 내려 자신의 차 뒤로 걸어 나왔다. 남의 차를 박아보기는 처음이라 고개를 숙이며 연신 "죄송합니다."라는 말만 되풀이했다. 앞차 운전자는 말없이 차 뒤 범퍼를 이리저리 살펴보며 손으로 만져보기까지 했다. 그 모습을 지켜보는 동안 긴장해서 입술은 바짝 타들어 가는 것 같았다. 잠시 후 그분은 몸을 일으켜 나를 쳐다보며 뜻밖의 말을 했다. **"괜찮네요. 그냥 가셔요."** 그러고는 아무 일도 없었다는 듯 차로 돌아가 출발해 버렸다. 나는 그분의 뒤통수를 향해 연신 허리를 굽히며 "감사합니다. 정말 감사합니다."를 외칠 수밖에 없었다. 그 대범함과 배려 앞에서 고개를 숙일 수밖에 없었다.

그로부터 몇 년 뒤, 시네마국 소속으로 전주국제영화제에 참석하기 위해 직원들과 전주로 내려간 적이 있다. 그날도 내가 회사 차량을 직접 운전하고 있었다. 전주 시내의 한 회전교차로 근처에는 관광버스 여러 대가 길가에 세워져 있었다. 좌측에서 진입하는 차량을 신경 쓰다 그만 우측에 정차된 관광버스를 스치고 말았다. 우리 차의 백미러가 버스 옆면을 긁었고, 1m쯤 검은 페인트 자국이 선명하게 남았다. 새 차였기에 자국은 더욱 도드라져 보였다.

버스 앞에 적힌 전화번호로 연락하자, 식사 중이던 기사님이 급히 뛰어나왔다. 우리는 모두 숨을 죽이고 기사님의 입에서 나올 말을 기다렸다. 보험처리를 요구할 것이라 각오를 단단히 하고 있었다.

그런데 기사님은 말없이 짐칸 문을 열더니 마른 수건과 왁스를 꺼내 들었다. 그리고 땀을 뻘뻘 흘리며 버스 옆면을 닦기 시작했다. 처음엔 잘 지워지지 않았지만, 온 힘을 다해 문지르자 이내 페인트 자국이 말끔히 사라졌다. 기사님은 이마의 땀을 훔치며 웃으며 말했다.

"안 지워지면 보험 처리하려고 했는데, 깨끗이 지워졌네요. 걱정하지 말고 가던 길 가세요."

그 순간, 우리 일행은 약속이나 한 듯 동시에 고개를 숙이며 "감사합니다."를 외쳤다.

두 번의 접촉 사고 모두 보험처리 없이 마무리됐다.
그 원인이 어디에 있을까?

나는 문득 생각했다. 모든 일에는 원인이 있고, 결과가 있다. 이 우연 같은 선의의 경험들에도 분명 이유가 있을 것이라고. 그 이유는 오래전의 한 사건에서 찾을 수 있었다.

어느 날 집에서 쉬고 있는데 모르는 번호로 전화가 걸려 왔다. 받자마자 한 아주머니가 다급한 목소리로 빨리 내려오라고 했다. 내 차를 박았으니 확인해 보라는 말이었다.

아파트 주차장에 차를 세워두었기에 선뜻 이해되지 않았지만, 일단 내려가 보았다.

아주머니는 내 차 앞에 서 있었고, 금방이라도 울음이 터질 것처럼 불안해 보였다. 아주머니의 차는 소형차였고, 뒷유리에는 '초보운전' 스티커가 붙어 있었다. 후진하다가 브레이크 대신 가속 페달을 밟아 사고를 냈다고 털어놨다. 차를 살펴보니 뒤 범퍼가 살짝 찌그러졌고, 브레이크등 커버가 조금 깨져 있었다. 운행에는 큰 문제가 없어 보였다. 그 순간 며칠 전 사고를 냈던 처제가 떠올랐다.

가로수를 들이받고 떨리는 목소리로 전화를 걸어왔던 처제. 현장에 도착했을 때 죄인처럼 고개를 숙이고 몸을 떨던 모습이 겹쳐 보였다. 그때 나는 처제를 안아주며 "괜찮다. 걱정하지 마라."라고 말해 주었다. 지금 이 아주머니도 그때 처제의 마음과 다르지 않아 보였다. "어디 다치신 데는 없으세요?"

아주머니는 아무 말도 하지 못한 채 고개만 끄덕였다.

나는 뒤 범퍼를 만지며 말했다. "이 정도면 괜찮네요."

브레이크등 커버를 살펴보며 덧붙였다. "스카치테이프로 잘 붙이면 문제없겠어요."

그리고 그냥 가셔도 된다고 말했다. 그 순간 불안에 떨던 아주머니의 얼굴에 안도하는 기색이 번졌다.

그날 저녁, 누군가 현관문을 두드렸다. 문을 열어보니 그 아주머니가 케이크 상자를 들고 서 있었다. 미안하고 고마워서 빈손으로 올 수 없었다며 연신 고개를 숙였다.

사람을 지탱하는 힘은
양심이라는 마음의 근력이다

돌이켜보니, 내가 베풀었던 그 작은 용서와 배려가 훗날, 다른 사람들의 양심으로 되돌아와 내게 미친 것은 아닐까. 라는 생각이 들었다. '선을 베풀면 선이 돌아오고, 악을 품으면 악이 돌아온다'라는 말이 결코 허언이 아님을 실감했다.

위기는 언제나 예고 없이 찾아온다. 맑고 쾌청하던 하늘이 순식간에 먹구름으로 뒤덮이듯, 삶의 위기도 그렇게 갑작스럽다. 위기의 순간 사람의 본모습은 드러나기 마련이다. 그것은 여러형태로 나타나기도 하지만 양심의 문제로 본심이 드러날 때가 많다. 양심은 인간만이 가진 특권이자 의무다. 그런데도 사소한 접촉 사고를 빌미로 과도한 보상을 요구하는 모습을 볼 때면 씁쓸해진다. 그러나 그런 선택 역시 언젠가는 되돌아오게 마련이다. 접촉 사고를 당하고도 상대를 먼저 배려할 수 있는 넉넉한 마음, 손해를 감수하면서도 양심을 지키는 용기. 그것이 예고 없이 닥치는 위기 앞에서도 무너지지 않게 하는 힘이다.

위기에 강한 사람은 상처를 입지 않는 사람이 아니다. 상처를 입고도 그것에 얽매이지 않고 다시 일어나는 사람이다. 위기는 누구에게나 찾아온다. 그 순간을 견뎌내고 싶다면, 평소에 남을 배려하고 용서하며 자신만의 양심과 신념을 쌓아야 한다.

손해를 보더라도 양심에 따라 자신이 옳다고 믿는 그 신념을 끝까지 지켜라.

그 양심과 신념은 언젠가 다시 당신의 길 위에 나타나, 위기를 건너갈 다리가 되어줄 것이다.

> **질문 36** 당신은 위기를 뛰어넘기 위해 평소 어떤 양심으로 살아가나요?

5. 말보다 행동이 먼저다

"행동은 모든 성공의 기초 열쇠다."

— 파블로 피카소(Pablo Picasso)

조직에서 중요한 결정을 앞두고 모두가 머뭇거리는 순간이 있다. 회의실에는 말이 넘쳐나지만, 정작 결정을 내리려는 사람은 없다. 그럴 때 조직에 가장 필요한 존재는 말을 잘하는 사람이 아니라, **행동으로 책임을 지는 리더**다. 문제를 해결하는 힘은 언제나 언어가 아니라 실천에서 나온다. 직장생활을 하며 나는 그런 장면을 여러 차례 마주했다. 그중에서도 가장 선명하게 남아있는 경험은 회사 송출 시스템을 전면 교체해야 했던 시기다.

전남본부장으로 근무하다가 3개월 대기 발령이라는 중징계를 받고 본사로 올라왔을 때였다. 3개월이 지나도 업무 복귀 명령이 없으면 자동 해고되는 상황이었기에 마음은 늘 긴장 상태였다. 다행

히 이재천 사장님의 배려로 2개월 만에 징계가 풀렸고, 기술 위원
으로 복귀해 TV 부조정실에서 근무하게 됐다. 이후 주철 국장의
배려로 라디오 송출제작부장이라는 보직을 맡게 됐다.

책임을 맡고 보니 상황은 심각했다. 자동 송출 시스템은 이미 노
후화가 극에 달해 있었고, 고장은 일상이었다. 시스템 용량은 한계
에 이르렀고, 이 상태로는 언제 대형 방송 사고가 터져도 이상하지
않을 만큼 불안했다. 실제로 우리 부서에서만 일주일에 몇 건씩 방
송 사고 보고서가 올라왔다. 사고가 발생할 때마다 경위서를 쓰고,
때에 따라 징계 위원회에 회부해야 했다. 책임자인 나로서는 하루
하루가 부담이었다.

방송 사고의 유형은 다양했지만, 근본 원인은 **송출 시스템 자체의
문제**였다. 불안한 시스템 위에서 직원들은 늘 벼랑 끝에 서 있는 심
정으로 근무하고 있었다. 장비 교체는 더 이상 미룰 수 없는 문제
였다.

현실은 냉정했다. 전국의 송출 장비를 전면 교체하려면 최소 70
억 원 이상의 예산이 필요했다. 예산안을 올릴 때마다 기획실에서
절반 이상이 삭감되거나 아예 삭제됐다. 회사의 경영 사정은 늘 "예
산이 없다."라는 말로 모든 논의를 멈추게 했다. 기술국장이 주도
하는 부장단 회의에서도 상황은 비슷했다.

"구매하면 좋지만 예산이 없다.", "자체 개발은 위험하다.", "실패

하면 누가 책임질 것인가.”

회의는 언제나 같은 질문만 맴돌 뿐 결론 없이 끝났다. 구매냐, 개발이냐의 논쟁은 반복됐고 시간만 흘러갔다. 그 사이 노후 장비는 더 위험해지고 있었다. 나는 알았다. 이건 기술의 문제가 아니라 **용기의 문제**라는 것을. 아무도 책임지려 하지 않기 때문에 결정하지 못하는 것이다.

결정이란 언제나 위험을 동반한다. 리더의 역할은 그 위험을 제거하는 것이 아니라, **위험을 감수하고도 조직을 앞으로 움직이게 하는 것**이다. 모든 것이 완벽해질 때까지 기다린다면, 결정은 영원히 내려지지 않는다.

> “리더십이란 모든 정보가 모일 때까지 기다리는 것이 아니라, 불완전한 정보 속에서도 책임지는 것이다.”
>
> - 피터 드러커(Peter F. Drucker)

구매는 현실적으로 불가능했다. 그렇다면 남은 선택지는 하나였다. **자체 개발**이었다. 물론 실패의 위험이 컸다. 개발에 실패하면 국장과 담당부장인 내가 직접 책임을 져야 했다. 물론 회의에 참여한 타 부장들도 약간의 책임은 따를 수 있었다. 그래서 누구도 쉽게 결단을 내리지 못했다. 그러나 송출제작부 직원들이 불안 속에서 근무하는 모습을 더 이상 외면할 수 없었다. 나는 냉정하게 말했다.

244

"말보다 행동이 먼저입니다. 개발합시다."

다만, 조건을 제시했다. **"우리 부서 직원 모두가 개발에 참여하도록 합시다."** 이렇게 하면, 실패하더라도 얻는 것이 많다 생각했다. 개발에 참여하는 우리 부서 직원들 기술 역량이 한 단계 높아지기 마련이다. 높아진 기술 역량이 우리의 값진 자산이 된다. 우리는 자동 송출 시스템을 체계적으로 공부할 기회조차 없었다. 이번에 실패하면 '비싼 수업료 내고 공부했다'라고 생각하면 단순해졌다. 밑져야 본전이었다. 실패해도 남는 것이 있다면 도전하지 않을 이유는 없었다. 결국 주철 기술국장과 안영기 기획부장, 정용선 TV 부장, 임철호 연구소장, 그리고 나를 포함한 네 명의 부장들까지 개발 쪽으로 뜻을 모았다.

개발 파트너를 찾던 중, 평소 교류가 있던 지부안 사장이 떠올랐다. 그의 AD 소프트사는 이미 강원 교통방송 송출 시스템을 개발한 경험이 있었다. 함께한다면 가능성이 있다고 판단했다. 계산해 보니, CBS 전 네트워크에 설치할 경우, 구매 비용의 10분의 1 정도면 개발 가능했다. 결과는 누구도 장담할 수 없었다. 나는 결과를 하나님께 맡기기로 했다. 성공하든 실패하든, 과정 자체에 의미를 두기로 했다. 뭐든 단순하게 생각했다. "할 수 있다고 믿고 가면 된다." 그렇게 'nCROS 프로젝트'가 시작됐다.

장재훈, 장상원 두 엔지니어를 AD 소프트에 파견해 현지 개발자들과 함께 근무하도록 했다. 약 6개월이 지나자 프로그램의 외형이 잡히기 시작했다. 김진오 연구소장을 중심으로 우리 부서원들이 대거 참여하며 개발은 순조롭게 진행되고 있었다. 연구개발이 80% 정도에 이르렀을 때, 갑자기 위기가 찾아왔다. 주조정실과 부조정실 테스트 단계에서 더 이상 진행되지 못했다. 마치 등산에서 정상 직전 '깔딱 고개'를 만난 것처럼 모두가 지쳐 있었다. 실패라는 단어가 직원들 사이에 떠돌기 시작했다. 분위기는 급격히 가라앉았다. 실패에 대한 책임을 누가 지느냐는 말이 오고 갔다. 그때 나는 단호하게 말했다. "실패가 아니라, 아직 성공을 위한 과정일 뿐입니다."

시간은 조금 더 걸렸지만, 결국 프로젝트는 성공했다. 송출제작부 직원들의 기술력은 눈에 띄게 향상됐다. 운영의 안정성도 크게 개선되어 방송 사고가 현저히 줄었다. 무엇보다 회사는 수십억 원의 예산을 절감할 수 있었다. 직원들 모두가 자신의 시간을 희생해 만든 결과였다. 그 과정에서 우리는 값진 보너스를 얻었다. **'해보면 된다'라는 자신감**마저 얻은 것이다.

이 프로젝트는 분명한 교훈을 남겼다. 말보다 중요한 것은 행동이다. 책임을 두려워하지 않고 첫걸음을 내딛는 용기야말로 리더의 본질이다.

"비전은 말로 시작되지만, 변화는 행동으로 완성된다."

– 존 코터(John P. Kotter)

조직에서 필요한 사람은 말을 앞세우는 사람이 아니다. 논리적으로 설득하는 능력도 중요하지만, 결정적인 순간에 "내가 하겠습니다."라고 말하고 몸을 던지는 사람이 조직을 살린다. 말은 누구나 할 수 있다. 행동에는 책임이 따르기에 소수만이 선택한다. 그래서 리더는 흔하지 않다.

의견을 내는 것도 중요하다. 그러나 그 의견을 **실행으로 옮기는 용기**가 더 중요하다. 말은 행동을 통해 완성된다. 위기의 순간마다 말이 아니라 행동을 선택해야 한다. 그 선택이 불확실할지라도 말이다.

'말보다 행동이 먼저다.'

이 한 문장은 수많은 회의를 결론짓게 했고, 수십억 원의 가치를 만들어 냈다. 그리고 그것은 리더십을 설명하는 가장 단순하면서도 강력한 문장이다. 용기 있는 한 사람의 행동은 수많은 말보다 강하다.

불확실함 속에서도 "해보자."라고 말하며 발걸음을 내딛는 사람, 그 사람이 조직을 바꾸고 변화를 만든다. 지금 우리에게 필요한 것은 말이 아니라, **행동하기 위해 내딛는 첫걸음**이다.

질문 37 당신은 말 잘하는 리더와 행동이 빠른 리더 중 누구를 더 선호하시나요?

6. 리더는 약자의 편에 서야 한다

우리는 해마다 대기업이나 공공기관 노조가 머리띠를 두르고 협상 테이블에 앉아 있는 장면을 봐왔다. 파업이라는 강력한 수단으로 회사는 물론 국민까지 압박하며 결사 항전의 의지를 드러낸다. 그러나 이런 모습에 대해 대다수 국민의 시선은 곱지 않다. 이유는 분명하다. 공공의 이익보다는 자신들의 이익을 지키는 데 투쟁의 초점이 맞춰져 있다고 생각하기 때문이다. 무엇보다 그들은 이미 사회적 약자가 아니라고 인식하고 있어서 그렇기도 하다.

이와 대비되는 존재가 있다. 바로 하도급 업체 직원들이다. 이들은 대기업 노동자들과 같은 공간에서, 비슷한 일을 하면서도 임금은 절반에도 못 미친다. 근무 환경은 열악하고, 자신들의 권리를 대변할 노조조차 결성하지 못한 경우가 대부분이다. 그런데도 대기업 노조가 이들의 권리를 위해 함께 싸웠다는 이야기는 좀처럼 듣기 어렵다. 자신들보다 약한 이들을 위해 양보하고 연대해 본 적이 있는지 대중은 묻는다. 현실은 아니다. 아흔아홉을 가진 자가 하나 가진 자의 마지막 하나까지 탐내는 모습이다.

이런 행태를 보며 나는 확신하게 되었다. 약자의 편에 서지 않는 자는 결국 **기회주의자**라는 사실이다. 그들은 어느 쪽이 강자인지 끊임없이 눈치를 보며, 힘이 있다고 판단되는 쪽에 재빨리 붙는다. 강자에게는 한없이 약하고, 약자에게는 잔인할 만큼 강해진다. 강자의 그늘에 숨어 약자를 얕잡아 보고, 무시하고, 때로는 괴롭힌다. 살아남았을지는 몰라도, 결단코 존경받을 수 없는 비굴한 모습이다.

그렇다면 리더는 어느 편에 서야 할까. 힘과 주도권을 쥔 강자의 편일까, 아니면 자기 목소리조차 내지 못하는 약자의 편일까. 조직의 다양한 위치를 거치며 1가지 분명한 결론에 이르렀다. **진정한 리더는 약자의 편에 서야 한다.** 설령 그 선택이 자신에게 불리하고, 외롭고, 고독한 길일지라도 말이다.

관리국에 발령받아 가장 큰 비중을 차지했던 업무 중 하나는 CBS 라이프 직원들과의 소통과 협업이었다. CBS 라이프는 CBS 자회사로, 방송국 자산을 관리·보전하는 역할을 맡고 있었다. 전기, 기계, 소방, 경비, 주차, 청소 등 다양한 분야에서 100여 명에 이르는 직원들이 24시간 방송국 건물을 지키고 있다. 이들은 보이지 않는 곳에서 CBS를 떠받치는 버팀목이었다.

그런데도 이들은 CBS 공간에서 일하면서도 CBS 소속이 아니라는 이유로 늘 관심의 밖에 있었다. 복도에서 마주쳐도 고개를 숙인 채 인사조차 조심스러워했고, 저임금과 과중한 업무 속에서도 근무 조건에 대해 말하는 것을 두려워했다. 주인의식은 희미했고, 정체성은 모호했다. 사기가 떨어질 수밖에 없는 구조였다.

그 모습을 보며 문제의식을 느꼈다. 회사에서 가장 열악한 환경에 놓인 사람들이 아무런 보호도 받지 못하고 있었다. 내가 책임지는 공간 안에서 일하는 사람만큼은 반드시 존중받아야 한다고 생각했다. 특히 음지에서 땀 흘리는 이들은 사회적 약자로 존재조차 드러나지 않기에, 더더욱 누군가 그들의 편이 되어주어야 했다. 그 결심은 곧 행동으로 이어졌다.

가장 먼저 한 일은 **그들의 존재를 인정하는 것**이었다. 시간이 날 때마다 건물 곳곳을 돌며 청소하시는 분들, 주차장을 관리하는 직원들, 기계실과 전기실, 방재실에서 일하는 기술자들과 눈을 맞추고 인사를 건넸다. 형식적인 인사가 아니라, 점심시간에는 직접 자리를 마련해 식사를 함께했다. 그리고 진심을 담아 이렇게 말했다. "이 건물에 들어오는 사람들이 가장 먼저 만나는 분들이 바로 여러분입니다. 여러분의 인상이 곧 CBS의 인상입니다. 여러분이야말로 CBS의 얼굴이자 진짜 주인이라고 생각합니다.”

　말로만 하지 않았다. 자회사 직원이라는 이유로 그들을 함부로 대하거나 인격을 무시하는 행위가 있을 때면 단호하게 제지했다. 때로는 CBS 직원들을 강하게 질책하며 약자의 편에 섰다. 그 과정에서 “왜 그들 편을 드느냐.”는 항의도 받았고, “당신은 CBS 직원이냐, 라이프 직원이냐?”라는 불만도 들었다. 그러나 흔들리지 않았다. 이런 태도는 입소문이 되어 현장 직원들 사이에 퍼져나갔다. 함께 식사하는 자리에서는 그동안 쌓아두었던 고충과 아픔을 조심스럽게 털어놓기 시작했다. 나는 그들의 이야기를 흘려듣지 않았다. 그들의 현실을 개선하기 위해 구체적인 행동에 나섰다. 그중 하나가 임금 인상 문제였다.

　자회사 직원들의 임금은 결국 모회사인 CBS의 의지에 달려있었다. 나는 이정식 사장님께 이들의 열악한 근무 환경과 처우 개선의 필요성을 설명했다.

　“이분들이 있어야 CBS가 제대로 돌아갑니다. 그런데 지금의 조건으로는 누구도 주인의식을 가질 수 없습니다. 이분들의 사기를 살리면, 긍정의 에너지는 반드시 조직 전체로 돌아옵니다.”

　사장님은 내 이야기를 진지하게 들었고, 결국 그 해 CBS 라이프 역사상 16%라는 가장 큰 폭의 임금 인상이 이루어졌다. 논리는 단

251

순했다. 가진 자가 1을 양보하면, 못 가진 자에게는 100의 혜택과 변화가 생긴다. 작은 것을 내어주느냐, 아니면 그들의 마지막 작은 것마저 빼앗느냐의 선택이었다. 그 선택은 어렵지 않았다. 그 이후 현장 직원들의 눈빛은 달라졌다. 누군가 자신들을 지켜보고 있고, 수고를 인정해 준다는 믿음이 생긴 것이다. 훗날 관리국 임무를 마치고 전남 CBS 최고 책임자로 발령받아 갔다. 가끔 업무차 서울 본사를 방문할 때마다 그들과 인사를 나누었다. 어느 날 몇 분이 나를 붙잡고, 이렇게 말했다. "부장님, 그동안 감사했습니다. 저희를 사람으로 대해 주신 분은 부장님이 처음이었습니다."

그 말 한마디에 그동안의 선택과 행동이 모두 보상받는 듯했다. 약자 편에 서는 일은 특별한 선행이 아니다. 사람을 사람답게 대하는 당연한 일인데도 그들은 그 따뜻함을 오래 기억하고 있었다.

그 결과는 숫자로도 증명되었다. 주변 빌딩의 공실률이 20~30%를 오르내릴 때, CBS 건물은 공실률 0%를 유지했다. 임대 사업은 최고의 호황기를 맞았다. 이유는 단순했다. 건물에 들어서는 순간 느껴지는 분위기가 달랐기 때문이다. 건물관리 직원들의 얼굴에는 자긍심이 가득했고 그 자긍심은 자연스럽게 친절과 질서, 청결로 이어졌다. 선순환이 이루어진 결과다.

리더십은 지시와 통제가 아니라 보호와 책임에서 완성된다. 강한 자는 도움 없이도 살아남지만, 약한 자는 누군가의 손길이 필요하다.

리더는 언제나 약자의 자리에서 세상을 바라봐야 한다. 눈에 띄지 않는 사람의 목소리에 귀 기울이고, 이름 없는 이들의 수고에 마음을 내어주어야 한다. 강자는 이미 자기 몫을 챙길 줄 안다. 그러나 약자는 누군가가 손을 내밀어 주지 않으면 끝내 무너지고 만다. 약자 편에 선다는 것은 감정적 선택이 아니다. 그것은 **리더가 짊어져야 할 가장 무거운 책임**이며, 동시에 리더를 리더답게 만드는 가장 강력한 증거다. 누구의 편에 설 것인가, 어떤 목소리에 귀 기울일 것인가. 그 질문 앞에서 나는 언제나 약자의 편에 서고자 했다. 그 선택이 힘들었지만, 돌아보면 가장 보람된 선택이었다. 리더는 강자의 편에 서서 안전을 택하는 사람이 아니다. 약자의 편에 서서 책임을 짊어지는 사람이다. 그러한 용기가 조직을 살리고 사람을 살린다.

질문 38 **당신은 스포츠 경기에서 강자를 응원하나요, 약자를 응원하나요?**

7. 장점만 보고 나아가라

> "사람을 비판하기보다 가능성을 발견하라.
> 그 순간부터 리더십은 시작된다."
>
> — 피터 드러커(Peter F. Drucker)

리더는 거울과 같은 존재다. 그 거울이 사람의 단점만 비추면 조직은 위축된다. 반대로 장점을 비추면 조직은 성장하고 발전한다. 우리는 흔히 단점을 고쳐야 조직이 바뀐다고 생각한다. 그러나 내가 현장에서 체득한 결론은 분명하다. **단점은 덮고, 장점은 드러내어 확대하는 것**, 그것이 진정한 리더십의 본질이다.

전북 CBS 본부장으로 발령받고 갔을 때, 직원들의 얼굴은 하나같이 어두웠다. 사무실 분위기 또한 무겁게 가라앉아 있었다. 그 원인이 전임 본부장과 직원들 간의 깊은 갈등에서 비롯되었음을 곧 알 수 있었다. 전임 본부장은 경영에 대한 열정이 넘쳤고, 실제로 연속 흑자라는 성과를 만들어 냈다. 그러나 그 열정이 지나쳐 직원들과의 소통이 부족했다.

'과유불급'이라는 말처럼, 매출을 향한 의욕이 직원들의 감정과 존엄을 살필 여유를 앗아간 것은 아니었을까 하는 생각이 들었다.

직원들의 이야기를 종합해 보니, 내 판단은 크게 벗어나지 않았다. 매출 우선주의 경영에서 직원들의 목소리는 점점 사라졌고, 대화는 끊겼다. 강압적인 방식 속에서 직원들은 깊은 상처를 입었다. 그 상처는 노조와 본부장 간의 극단적인 대립으로 번졌다. 결국 성명서까지 내며 사장을 압박하는 상황에 이르렀고, 되돌릴 수 없는 강을 건너고 말았다. 나는 그제야 사장이 끝까지 전임 본부장을 붙잡고자 했음에도 불구하고, 그를 서울로 보내고 나를 이곳에 보낸 이유를 짐작할 수 있었다.

이런 상황에서 승자는 없다. 모두가 패배자일 뿐이다. 특히 전임 본부장이 평직원일 때부터 오랜 기간 직원들과 쌓아온 관계가 있었기에 상처는 더욱 깊었다. 가까운 사이일수록 조심해야 하는데 가깝다는 이유로 함부로 대하기도 한다. 그래서 먼 사람보다 가까운 사람에게 상처받기가 쉽다. 당시 전북 CBS에 남아있던 긴장과 가라앉은 분위기는 그런 아픔의 흔적처럼 느껴졌다.

이러한 상황에도 조직을 앞으로 나아가게 해야만 했다. 함께 우울해할 정도로 경영 상황이 한가하지 않아 우울한 분위기를 빨리 끊어내지 않으면 안 되었다. 본부장인 내가 먼저 낮은 자세로 손을 내밀었다. 직원들의 불평과 불만을 귀를 열고 들었다. 당장 해결할 수 없는 문제는 시간을 두고 함께 풀어가겠다고 약속했다. 단체 회의보다는 개별 대화를 택했다. 대신 채플 시간에는 하나님 말씀을 인용해 직원들 마음에 자신감과 믿음을 심어주는 데 힘썼다.

이들은 내가 통제해야 할 대상이 아니라 같은 방향으로 함께 걸어갈 동료들이다. 대표와 부하의 관계가 아니라 서로를 존중하며 솔직하게 대화할 선후배의 관계로 만들어 가고 싶었다. 존중하되 거리감은 줄이고, 편하되 함부로 대하지 않는 관계를 지향했다. 시간이 흘러가며 직원들의 얼굴이 하나둘 밝아지기 시작했다. 소극적이고 수동적이던 태도는 사라지고, 긍정과 적극성이 조직 전반으로 점차 퍼져나갔다. 그 변화는 외부 방문객들이 먼저 알아차릴 정도였다. "왜 이렇게 분위기가 밝아졌습니까?"

방송하기 위해 매주 방문하는 출연자들이 본부장실에 들어와 하나같이 이렇게 물었다.

나는 "원래 밝은 분위기였는데 제자리를 찾았을 뿐입니다."라고 미소로 대답했다.

리더는 지시하는 자가 아니라
조력자일 뿐이다

리더는 2가지 역할을 동시에 수행해야 한다. 하나는 조직의 방향을 제시하는 **나침반**이고, 다른 하나는 구성원의 상태를 살피는 **온도계**다. 특히 무거운 분위기의 조직일수록 온도계 역할이 중요하다. 구성원의 감정 온도가 지나치게 낮아지면 아무리 훌륭한 전략도 추진력을 얻지 못한다.

나는 직원들과 자주 이야기를 나눴다. 업무 이야기가 아니라, 밥을 먹으며 음식 이야기를 했고, 차를 마시며 차 이야기를 했다. 사소한 대화였지만 그들의 말에는 반드시 귀를 기울였다. 사람은 본질적으로 자신을 알아주는 사람에게 마음을 연다. 인간의 내면 깊숙한 곳에는 '나는 중요한 사람이다'라고 인정받고 싶어 하는 욕망이 자리 잡고 있다. 그래서 직원들의 단점에는 눈을 감고 인내로 덮었다. 대신 개인별로 '당신은 우리 조직에 꼭 필요한 사람'이라는 메시지를 은연중 전달했다. 그리고 각자의 장점만을 모아 조직의 에너지로 전환 시키고자 했다. 그 과정에서 내가 맡은 역할은 지시자가 아니라 조력자였다. 이렇게 해라, 저렇게 해라. 강요하지 않았다. 자율에 맡기되 도움이 필요할 때만 곁에 섰다.

그 결과 조직은 스스로 움직이기 시작했고 자발적 에너지가 하나로 모였다.

분위기가 밝아지고 창의성이 살아나자, 이제는 조직의 구조적인 갈등을 해결해야 할 때가 왔다. 가장 큰 갈등은 협찬 보상 문제였다. 보도국과 편성팀은 오랫동안 이 문제로 대립하고 있었다. 돈이 걸린 문제는 늘 민감하다. 한쪽 손을 들어주면 다른 쪽이 불만을 품게 된다. 그래서 그동안 어느 본부장도 선뜻 나서지 못했다. 나는 봉순덕 총무국장과 상의하며 이해충돌을 최소화할 수 있는 협찬 분배 규정을 만들었다. 이 과정에서 소민정 PD가 먼저 욕심을 내려놓아 주었다. 그 한 사람이 내려놓음으로 연쇄반응으로 이어지며 갈등은 의외로 쉽게 풀렸다. 아무리 민감한 문제라도 리더가 책임지고 나서면 길은 열린다는 사실을 다시 한번 확인했다.

조직이 성장하려면 단결이 필요하다. 단결이란 흩어진 에너지를 하나로 모아 목표를 향해 나아가게 하는 힘이다. 나는 아침 채플 시간마다 직원들에게 말했다.

"우리는 하나입니다. 각자의 약점은 덮고, 강점만 모아 전북 CBS라는 하나의 에너지로 나아갑시다."

그 말은 현실이 되었다. 직원들은 서로를 배려하게 되었고, 부서 간의 벽은 허물어졌다. 각자의 장점으로 서로의 약점을 채워주며 전북 CBS는 다시 하나의 공동체로 살아 움직이기 시작했다.

지금도 나는 새로운 조직을 만날 때 가장 먼저 그 사람의 장점부터 찾는다. 하나님은 누구에게나 달란트 하나쯤은 가지고 태어나도록 했다. 그 믿음이 있기에 아무리 부족해 보여도 그 사람만의 장점을 찾는 데 심혈을 기울인다. 그 장점을 발견하고 살려주는 조력자, 그것이 내가 경험에서 얻은 참 리더의 역할이다.

장점만 보고 나아가라

전북에서 봉순덕 총무국장은 업무상 나와 가장 많은 시간을 보내야 했다. 그 때문에 장점은 물론 단점까지도 훤히 드러나기 마련이다. 그런데도 그의 단점을 지금까지 하나도 발견하지 못했다. 처음부터 단점을 보려는 눈을 뜨지 않았기 때문이다. 이와 같은 눈은 모든 직원에게 똑같이 적용했다.

개인이든 조직이든, 장점을 키우면 스스로 성장하고 창의력은 자연스럽게 발휘된다. 리더는 앞에서 끌어가는 사람이 아니라, 옆에서 함께 걷는 사람이다. 단점을 덮고 장점만을 바라보며 나아갈 때 그 조직은 반드시 빛나는 순간을 맞이한다.

질문 39 　당신은 장단점이 두드러진 친구를 만나면 어떤 조언을 할 수 있나요?

8. 부드러운 리더십으로 조직을 이끌어라

장수를 흔히 지장, 용장, 덕장으로 나누어 부르곤 한다. 리더십 역시 마찬가지다.

어떤 리더는 용장처럼 강한 통솔력과 단호한 명령으로 조직을 이끈다. 또 어떤 이는 지장처럼 치밀한 시스템과 기준으로 구성원들을 관리한다. 그리고 덕장처럼 부드러움과 포용의 힘으로 사람을 다스리는 리더도 있다. 나는 주저 없이 세 번째 길을 선택했다.

강한 리더십은 단기간의 변화는 만들어 낼 수 있다. 명령은 즉각적인 결과를 낳는다. 그러나 시간이 흐를수록 조직은 경직되고, 사람들은 스스로 생각하지 않게 된다. 반면 부드러운 리더십은 더디게 움직이지만, 그 변화는 오래 남는다. 나는 조직을 잠시 움직이게 하는 사람이 아니라, 스스로 움직이게 만드는 리더로 남고 싶었다.

이 믿음을 굳히게 만든 일화가 있다.

중국의 고대 철학자 노자와 그의 스승 상용의 이야기다.

노자가 임종을 앞둔 스승을 찾아가 마지막 가르침을 청했다.

상용은 입을 벌리며 물었다. "내게 혀가 있느냐?"

노자는 "예 있습니다."

다시 상용이 "그렇다면 이는 있느냐?"

이에 노자는 "하나도 없습니다."

그제야 스승은 "이제 알겠느냐?"

노자는 고개를 끄덕이며 답했다. "강한 것은 사라지고, 부드러운 것만 남는다는 말씀이군요."

나는 이들의 대화에서 깨우침을 받았다. 오래 남는 힘은 강함이 아니라 부드러움이라는 것을.

본사 관리국으로 부임했을 때의 일이다. 그때 조직 분위기를 이끌어가는 데 리더십이 얼마나 중요한지 깨달았다. 관리국은 관리부서원만의 문제는 아니었다. 100명이 넘는 'CBS 라이프' 직원을 어떻게 통솔하는가가 더 큰 문제였다. 이들은 CBS 직원들처럼 같은 공간에서 근무한다. 이들은 CBS와 입주사 직원들이 안전하고 쾌적한 환경에서 일할 수 있도록 건물관리에 힘쓰고 있다. 그런데도 이들은 CBS 정식 직원이 아니고 자회사 직원이라는 이름 때문에 소외감을 느끼고 있었다. 자신감 없는 표정과 윗분들 눈치 살피기에 급급해하며 수동적으로 움직였다. 이러한 행동이 건물의 분위기를 어둡게 하고 있다는 느낌을 받았다. 활기찬 조직으로 만들기 위해서는 강압적인 지시와 규칙만으로는 아무것도 바꿀 수 없다. 규칙과 규범은 권력을 쥔 자들이 만들기 때문에 이를 따르는 자들은 수동적일 수밖에 없다. 따라서 부임하자마자 부드러운 리더십으로 이들에게 접근하기로 마음을 다졌다. 강함이 아니라 부드러움으로 다가가겠다고.

권위주의 앞에 복종은 있어도
자율과 창의성은 없다

이전의 관리국장들은 권위주의에 머물렀다. 자회사 직원들과 대화 자체가 없었다. 나는 그 벽부터 허물기로 했다. 처음으로 회의라는 형식을 통해 팀장들과 마주 앉았다. 관리국장과 자회사 직원들이 처음으로 같은 자리에서 대화를 나누는 순간이었다. 처음엔 모두가 불편해했다. 말을 아꼈고, 속마음을 숨겼다. 나는 말을 아끼고 듣는 데 집중했다.

사람은 자신의 이야기를 진심으로 들어주는 사람 앞에서 마음을 연다. 시간이 지나자 그들은 나를 상사가 아니라 동료로 대하기 시작했다. 어려움이 있으면 숨기지 않고 말했고, 나는 말로만이 아니라 행동으로 응답했다.

한번은 주차 관리원이 현장에서 일어난 불편 사항을 이야기했다. 주차 관리를 하다가 우리 직원이 자신에게 행패 부린 사실을 털어놨다. 강자에 약하고 약자에 강했던 K 부장이 주차하기 좋은 자리를 확보해 놓으라고 명령했다. 주차 관리원은 매일 특정한 위치에 자리를 비워 두었다. 어느 날은 확보해 둔 자리에 L 국장이 주차하고 사라졌다. 뒤이어 K 부장이 나타나 자신이 주차해야 할 공간에 다른 차가 주차해 있는 걸 보고 관리원을 불렀다. "왜 내 자리를 마련해 놓지 않았느냐?"라며 관리원을 발로 차고 욕설까지 했다는 하소연을 내게 털어놓았다. 주차 관리원은 나이로 따지면 자신의 아버지뻘 되는 분이다.

K 부장의 행패에 분노가 치밀어 올랐다. 약자를 보호해 주지는 못할망정 직위를 이용 자회사 직원들을 자신의 종쯤으로 인식하는 K 부장을 그냥 둬서는 안 되었다. 자회사 직원이라서 함부로 대하지 못하도록 경고 주고, 그의 행위를 회사 게시판에 공개했다.

나를 지켜주는 든든한 바람막이가 있으면 누구나 당당해진다

이들은 노동조합조차 결성되어 있지 않다. 이유 없이 해고해도 아무런 반항도 못 하고 나가야만 했다. 하지만 이제부터는 본사 관리국장이라는 분이 자신들을 대변해 주고 보호해 주니 든든한 바람막이가 생겼다. 아무도 자신들을 함부로 대하지 않는다는 확신이 생겼다. 자신감이 생겼다. CBS로부터 천대받으며 건물을 관리하는 하도급 업체 직원이 아니라, 자신들이 건물 관리 주인이라는 자부심이 생겼다. 소극적인 태도에서 적극적인 태도로 바뀌었다. 본사 건물에 생기가 돌았다. 우울한 분위기가 활짝 웃는 분위기로 바뀌었다. 소심하던 경비 아저씨들이 아침에 출근하는 직원들을 향해 반갑게 맞이하며 인사를 한다. 이러한 현상은 나비 효과로 이어졌다. CBS 직원들은 물론 건물에 입주한 3,000여 명의 입주사 직원들에게 기분 좋은 하루가 시작되도록 분위기를 만들었다. 한 사람의 부드러운 리더십이 얼마나 중요한지를 충분히 깨닫는 경험이었다. 이후 전남과 울산, 전북에서 대표를 맡았을 때도 마찬가지로 부드러운 리더십을 발휘했다.

"국장님, 예전엔 말 한마디 꺼내기도 힘들었어요. 요즘은 어려운 부탁을 직접 해도 된다는 느낌이 들어요." 기계실에서 근무하던 정병주 주임의 이 말은 내가 가고 있던 길이 틀리지 않았다는 확신을 주었다.

리더가 무서운 조직에서는 창의력이 발휘될 수 없다. 눈치를 보는 곳에서 책임감은 움츠러든다. 서로의 실수를 감싸고, 생각을 나눌 수 있을 때 조직은 살아난다. 부드러운 리더십이란 결국 두려움을 걷어내고 신뢰를 심는 일이다.

부드럽다고 해서 약한 것은 아니다. 오히려 자신에게 엄격한 사람만이 타인에게 부드러울 수 있다. 그 안에는 원칙과 인내, 그리고 중심이 흔들리지 않는 강인함이 있다.

리더가 조직을 향해 한 걸음 다가갈 때, 조직은 더 많은 걸음으로 다가와 응답한다. 나는 그 믿음을 지금도, 앞으로도 지켜나가려 한다.

두려움과 용기

고등학교 때와 대학 다닐 때 신문에서 사설이나 논설을 주로 읽으며 논리적인 글쓰기를 익혔다. 하지만 세월이 흐르며 망각의 뇌는 그렇게 훈련된 감각까지도 지워버렸다. 그 때문에 막상 책을 쓰려니 어디서부터 어떻게 써야 할지 망막하기만 했다. 다행히 어떤 일을 행동으로 옮길 때마다 생각을 복잡하게 하기보다 할 것인가 말 것인가로 단순화하는 버릇이 있었다. 그 때문에 용기 내는데 남들보다 조금은 더 쉬웠다. 더욱이 20대 중후반부터 예순 살까지 직장생활하며 겪었던 생생한 실전 경험이 기억에 남아있었다. 남아있는 기억과 잊고 지낸 기억까지도 되살려 친구에게 말하듯 쓰기만 하면 되는데 그게 쉽지 않았다. 물론 게으름 피웠던 영향이 크지만, 시도조차 하지 않았기에 40년 직장생활을 오늘날까지도 정리하지 못하고 미루고 미루다 지금에 이르고 있었다.

어려서 도랑에서 물고기를 잡아본 경험이 있다. 그때 고기 잡는 방법이 여러 가지가 있지만 막고 품는 게 제일이라는 소리를 자주 듣고 자랐다. 실제로 막고 품으면 가장 쉬운 방법이고 가장 많은 고기를 잡게 된다는 실전을 경험했다. 생각을 단순화할 때만 행동으로 옮길 수 있다. 여럿이 모여 도랑에 있는 고기를 잡는데 이렇게 잡을까 저렇게 잡을까 방법을 토론하는 사이 고기는 다 도망가고 없다. 그 때문에 단순하게 막고 품는 방법이 최선이라는 해답이 생겨났다고 짐작한다. 이는 비단 고기 잡는 데만 필요한 방법은 아니고, 모든 행동에도 적용되어야 할 좋은 방법이라고 믿고 싶다.

책을 처음 쓰는 거라 요령이나 방법도 모르고 자신감마저 없었다. 다만 모르기에 겁 없이 용기 내서 막고 품는 방법을 쓸 수밖에 없었다. 결국 주저하지 않고 막고 품는 식으로 무작정 글을 쓰기 시작했다. 말이 되든 말든, 논리가 맞든 말든, 쓰고 보니 어느새 책 한 권 분량이 써졌다. 써놓고 읽어보니 앞뒤가 맞지 않고 글이 조잡하기 짝이 없다는 생각이 들었다. 그 때문에 여러 번의 수정 작업을 통해 글을 완성해 나갔다.

책 한 권 분량의 글을 써놓았지만, 책 출간하는 방법을 몰랐다. 모르면 막고 품기를 하면 되지만, 막고 품어서 '잡은 고기는 어떻게 할 것인가?'라는 고민이 앞을 가로막았다. 이왕 잡은 고기 맛있게 요리해야 했다. 내가 요리하는 방법을 모를 때는 요리 전문가나 경험자에게 물어보거나 맡겨야 한다. '책 쓰기'라는 요리를 먼저 해봤던 전문가나 유경험자를 찾아 나섰다. 찾는 법 또한 간단했다. 막고 품었다. 내가 사주 사용하는 SNS가 페이스북이었다. 복잡하게 먼 데서 찾을 필요가 없다. 나와 가까운 페이스북에서 정원희 작가를 용케도 만났다.

글 쓰는 기술을 새롭게 다시 익힐 수밖에 없었다. 첫술에 배부를 수 없듯이 서서히 조금씩 글 쓰는 방법을 익혀나갔다. 나중에 어떻게 출판사에 출간을 요청하는지까지도 배웠다. 몇 달 전까지만 해도 책 내는 방법을 몰라 까마득했던 책 쓰기가 벌써 완성됐다니 놀랍기 그지없다. 처음 쓰는 책이라 많이 부족하고 졸필일 수밖에 없다. 다만 독자들이 책을 통해 용기가 필요할 때 용기 내는 방법 1가지만 터득해 간다면 그것만으로 책을 낸 보람으로 만족한다. 용기 내는 방법을 안다면 직장생활이나 사회생활하는 데 큰 도움이 될 것이라 확신한다.

대학 졸업을 앞두고 형편없는 실력에 도저히 KT에 입사할 수 없는 무능력의 소유자였다. 그런데도 가당치 않은 무모한 꿈을 꾼 용기에 하늘이 가상히 여겨 입사할 수 있었다. 또 CBS 입사 때도 마찬가지다. 그 당시 CBS에 입사하려면 반드시 세례 증명서가 필요했다. 교회 다닌 사람만이 지원할 자격이 주어졌다. 교회에 다니지도 않았기에 CBS에 입사할 가능성은 하나도 없었다. 그러나 내가 CBS에 입사할 수 있었던 것도 두려움을 모르고 도전했던 용기 때문이었다. 또 CBS에 입사 후 노조위원장이 되는 것도 기적이 아닐 수 없다. 전체 직원 중 본사 직원이 절반 이상을 차지하는데 지역에서 근무하고 있던 내가 노조위원장이 되기란 수적 열세 때문에 불가능한 일이었다. 그런데도 무모한 도전 같았지만, 노조위원장이 되었다. 이처럼 용기는 모든 도전마다 성공하도록 만들었다. 정년퇴직 후에도 용기 있는 도전은 계속되었다. 언론사 근무에서 건설 현장이라는 새로운 일에 도전하기 위해 두려움이 앞서 용기가 필요했다. 결단하고 단 한 번의 용기를 내니 70을 바라보고 있지만, 현재 건설 현장에서 감리일을 맡아 하며 안정적인 생활을 하고 있다.

물론 모든 용기에는 시련이 따르기 마련이다. 하지만 두려움을 극복하고 도전하는 용기는 시련이나 고난은 아무런 걸림돌이 되지 못한다. 아마 독자 중에도 용기 내지 못했던 분들은 실패가 두려워 차마 선뜻 나서지 못하는 걸림돌이 될 것이다. 그러나 용기를 내는 방법을 배우고 나면, 실패나 시련이 나를 더 단단하게 만드는 징검다리라는 사실을 알게 될 것이다. 지금까지는 가능 50% 불가능 50%였다면 실패가 두려워 포기를 선택했을 줄 믿는다. 아니 우리 사위는 가능성 90%, 불가능 10%여도 불가능 쪽을 선택하며 모험과 도전을 싫어한다. 본인의 신념이라면 뭐라 말할 수는 없지만, 두려움 때문이라면 용기가 필요하다. 성경 빌립보서는 '아무것도 염려하지 말라'고 말하고 있다. 염려는 두려움이다. 따라서 염려는 내가 살아가는 데 아무런 도움이 되지 못한다. 반면, 용기는 불가능을 가능하게 만들며 내가 살아가는 데 큰 힘이 된다.

누구나 염려와 두려움은 있다. 실패도 있다. 나도 수많은 염려와 두려움, 그리고 수많은 실패가 있었다. 그런데도 당당하고 멋지게 살아가고 있다. 내가 그동안 KT와 CBS에 입사하고, 또 노조위원장이 되고 지역 언론사 대표를 할 수 있었던 데는 능력이 뛰어나서 그런 게 아니다. 능력은 없지만 두려움을 떨치고 용기를 냈던 일 뿐이다. 이처럼 용기는 능력을 뛰어넘어 나를 단단하고 반듯한 반석 위에 올려놓는다. 독자 여러분은 본문을 읽으면서 매 순간 용기를 냈던 나를 기억해 낼 것이다. 여러분도 나와 똑같은 상황은 아니지만 살아가면서 순간순간 용기가 필요한 시기가 있을 줄 믿는다. 그때 여러 가지 복잡한 생각을 하면 실패가 두려워 염려 때문에 용기를 내기가 힘들어진다. 결국 기회를 상실하고 만다. 인생이 한 번뿐이듯 기회도 자주 오지 않는다. 한 번의 기회를 내 것으로 만드느냐 그냥 흘려보내느냐는 용기가 있느냐 없느냐 차이일 뿐이다.

여러분의 삶에 어떤 선택을 하느냐에 따라 여러분의 삶도 달라진다. 이 땅의 주인공들은 대부분 염려와 두려움보다 용기를 선택했다. 용기 내서 도전했는데 실패하면, 그만큼 손해지 않느냐? 라고 반문할 수 있다. 절대 아니다. 실패가 나를 더 단단하게 만들기에 그만큼 나는 성장 했고 그만큼 이익을 본 것이다. 결국 실패도 실패가 아니다. 단지 두려워 도전 못 하는 행동이나 그 일이 실패다.

내 인생을 실패자로 유인하는 것은 **두려움**이다.

내 인생을 성공자로 인도하는 것은 **용기**다.

당신은 어떤 것을 선택할 것인가.